Stefan Fröhling und Andreas Reuß

Karpfen & Kultur in Franken

Stefan Fröhling und Andreas Reuß

Karpfen & Kultur in Franken

6. 8. 2003

Haftungsausschluss

Alle Angaben in diesem Buch wurden von den Autoren nach bestem Wissen erstellt und gemeinsam mit dem Verlag mit größtmöglicher Sorgfalt überprüft. Dennoch lassen sich (im Sinne des Produkthaftungsrechts) inhaltliche Fehler nicht vollständig ausschließen. Die Angaben verstehen sich daher ohne jegliche Verpflichtung oder Garantie seitens der Autoren oder des Verlages. Autoren und Verlag schließen jegliche Haftung für etwaige inhaltliche Unstimmigkeiten sowie für Personen-, Sach- und Vermögensschäden aus.

Verlag Hans Carl
© 2003 Fachverlag Hans Carl GmbH, Nürnberg
Alle Rechte vorbehalten

Konzeption: Verlagsservice Kattenbeck, Nittendorf
Fotos: Stefan Fröhling, Andreas Reuß, Ursula Pfistermeister, Christian Neumeister
Repros: Grafik Design Wildner, Nürnberg
Druck und Bindung: Passavia Druckservice GmbH, Passau

ISBN 3-418-00393-1

Inhalt

ÜBER DEN KARPFEN UND SEINE FRÄNKISCHEN LANDE   7

Der Karpfen – *Cyprinus carpio*   7
Der Karpfen und seine Geschichte   8
Der fränkische Karpfen   10
Der Karpfen im Teich   11
Karpfen-Speisen   13
Karpfen-Routen   14

IM AISCHGRUND: VOM QUELLGEBIET BIS HÖCHSTADT   16

Aischquelle und Alexanderbrunnen   16
Burgbernheim, das Wildbad und die Fingalshöhle   18
Kurbad und Losentscheid   24
Entlang der Aisch bis Neustadt   30
Über Münchsteinach und Gottesgab nach Höchstadt an der Aisch   35

IM STEIGERWALD ZWISCHEN AISCH UND BAMBERG   52

An der Ebrach   52
An der Aurach   61
Von Bamberg zur Aisch   65

VON NEUHAUS BIS TRAUTSKIRCHEN AN DER ZENN   81

Durch das Weihergebiet rund um Mohrhof   81
Von Weisendorf im Seebachgrund bis nahe an den Aischgrund   88
Von Emskirchen nach Trautskirchen   95

VON DER ZENN ZUR WÖRNITZ   109

Aß Wolfram Karpfen? – Fahrt nach Wolframs-Eschenbach   109
In das Gebiet der Markgrafen bis zur Altmühl   115
Zu den Römern und dem romanischen Stil   121
Wieder nach Norden   130

REGISTER   140

ÜBER DEN KARPFEN UND SEINE FRÄNKISCHEN LANDE

Der Karpfen – *Cyprinus carpio*

Die Karpfenfische (Cyprinidiae) sind eine Familie der Karpfenartigen Fische. Der Teichkarpfen, wie er hier in Franken bekannt ist, gilt als eigene Art unter den Karpfenfischen. So wird der Karpfen in gängiger Weise zoologisch definiert. Sprachlich wird die Definition schwieriger. Die Bezeichnung „Karpfen" ist zwar geläufig, was sie aber im eigentlichen Sinne bedeutet, lässt sich nur schwer nachvollziehen, denn sprachgeschichtlich kann nicht genau geklärt werden, auf welches Grundwort der Begriff zurückgeht.

In den überlieferten Schriften Cassiodors (um 490 bis um 583), eines spätrömischen Gelehrten, Klostergründers und hohen Staatsbeamten unter Theoderich dem Großen, wird das Wort „carpa" als Bezeichnung für einen Donaufisch erstmals urkundlich genannt. Die schriftliche Notiz aus dem 6. Jahrhundert – wohl ein offizielles Rundschreiben – wurde verfasst, weil man für Theoderichs Königshof in Ravenna Fische aus der fernen Donauregion bezog.

Doch das erklärt das Wort noch nicht. Klar zu sein scheint nur, dass es von einer untergegangenen Sprache der Donau- und Alpenregion abstammt und von südgermanischen Stämmen übernommen wurde. Sie alle kannten und nutzten den Karpfen. Vielleicht steht „carpa", wie vermutet wird, sogar mit dem schon im alten Griechenland gebräuchlichen geographischen Namen „Karpaten" in Beziehung oder mit dem altindischen Begriff „sapharah", der einen im flachen Wasser lebenden Fisch bezeichnet, was gar nicht so abwegig klingt. Schließlich war der Karpfen sowohl in Zentralasien als auch im Kaspischen und im Schwarzen Meer beheimatet. Dieser Wildkarpfen, eine schlanke und vollständig beschuppte Urform, verbreitete sich auf natürliche Weise, also über die Flüsse, und durch Menschenhand bis nach Europa.

Der Karpfen und seine Geschichte

Bei den Griechen und Römern des Altertums war der Karpfen als Speisefisch sehr beliebt. Auch den Händlern an der Seidenstraße und den Kreuz-
fahrern war er bestens bekannt. In Deutschland wurde er im frühen Mittelalter eingeführt, etwa zur Zeit Karls des Großen. Damit beginnt zugleich
die Geschichte des Karpfens in der heutigen fränkischen Region, wobei vor
allem die Klöster, als Kulturträger, Fischteiche anlegten. War es doch ein
Bestreben der Mönche in der fleischlosen Fastenzeit eine nährstoffreiche
Alternative zur Verfügung zu haben; und als solche ist der Karpfen fast
unübertroffen. Außerdem sollte mit der Karpfenzucht die Ernährungslage
der Bevölkerung verbessert werden, denn der schmackhafte Fisch wurde
in allen sozialen Schichten gern verspeist.

Gerade im mittelfränkischen Aischgrund und in den Nachbartälern war
das Anlegen von Karpfenteichen als Ergänzung zur sonstigen Landwirtschaft sinnvoll, da die in dieser Region weit verbreiteten morastigen oder

Blick auf eine typische Weiherlandschaft nahe Mohrhof

sandigen Böden für den Ackerbau weniger günstig sind. Zudem herrscht in der Region ein verhältnismäßig warmes Klima, was für die Karpfenzucht von Vorteil ist. Oft wurden bereits vorhandene Stauweiher mehrfach genutzt: Ein Weiher vor einer Stadtbefestigung konnte dem militärischen Schutz dienen, eine Tränke für das Vieh oder ein Reservoir für Löschwasser sein und gleichzeitig konnte er für die Karpfenzucht verwendet werden.

Die große Nachfrage nach Karpfen führte vor allem im 15. Jahrhundert zu einer Verknappung des Angebots, sodass die Karpfenpreise ein Mehrfaches der Fleischpreise erreichten. Der Karpfen war zur „Herrenspeise", also zum Luxusartikel geworden. Der Adel, die Bischöfe und die Klöster – zum Beispiel das Benediktinerkloster St. Michael in Bamberg – hatten als Grundherren die wirtschaftlich günstige Situation längst erkannt und entsprechend viele Fischteiche anlegen lassen. Während des Bauernkriegs 1525 forderten die Aufständischen Fischereirechte ein und so manche Teiche der Grundherren wurden ausgefischt. Lediglich im Aischgrund gab es vereinzelt Bauern, die bereits zu dieser Zeit Teichbesitzer waren. Erst nach der Säkularisation, zu Beginn des 19. Jahrhunderts, war eine kleinflächige Landaufteilung möglich, die heute noch die Besitzverhältnisse in den fränkischen Weihergebieten prägt.

Der erste Boom der Karpfenteichwirtschaft endete mit dem Dreißigjährigen Krieg. Die Karpfenzucht in Franken erholte sich zwar nach dem Krieg wieder, im 18. Jahrhundert erfolgte jedoch ein neuer Rückschlag. Wegen der Bevölkerungszunahme war der Anbau von Getreide wichtiger und lohnender geworden und die Überproduktion an Karpfen tat ein Übriges. Viele Teiche wurden deshalb in Ackerflächen umgewandelt. Erst als Ende des 19. Jahrhunderts die Getreidepreise sanken, weil man aus Übersee billigeres Getreide einführen konnte, entsann man sich der Teichwirtschaft und der Karpfenzucht. Die Ertragslage verbesserte sich nachhaltig und in der zweiten Hälfte des 20. Jahrhunderts entwickelte sich der Aischgrund mit seinem Karpfenangebot zu einem der herausragenden Fischzuchtgebiete in Deutschland.

Der fränkische Karpfen

Die Schwerpunkte der bayerischen Karpfenteichwirtschaft liegen in der Oberpfalz und in Mittelfranken. Die fränkische Karpfenzucht ist vor allem im Aischtal, als dem traditionellen Zentrum, und in der Gegend um Dinkelsbühl angesiedelt. Natürlich gibt es auch in anderen Regionen Deutschlands und Europas Karpfen. Züchter aus Polen, Tschechien, Ungarn oder Kroatien treten als Konkurrenten auf und bieten oftmals statt der in Franken üblichen dreijährigen Karpfen zweijährige Fische an, deren Fleisch nicht ganz so fest sein soll.

Nicht jeder Karpfen, der in Franken verzehrt wird, muss also ein fränkischer Karpfen sein, obwohl die regionale Vermarktung sehr gut funktioniert. Man setzt auf direkte Belieferung, das heißt, die teichwirtschaftlichen Klein- und Mittelbetriebe verkaufen ihre Fische an die Karpfenlokale der nächsten Umgebung. Bisweilen besitzen die Gastwirte sogar selbst Zuchtweiher. Geworben wird unter den Markenzeichen „Aischgründer Karpfen" oder „Aischgründer Spiegelkarpfen", womit besondere Qualitätsmerkmale betont werden. Der Fisch ist wenig beschuppt und hochrückig; beim Abfischen ist er, wie schon erwähnt, drei Jahre alt und bis zu 1,5 kg schwer, sodass er mit seiner ovalen Form gut auf einen Teller passt. Der Sage nach soll ein Bamberger Bischof – vielleicht Weigand von Redwitz – im 16. Jahrhundert diese angezüchtete Körperform angeregt haben, weil er seinen Teller gefüllt sehen wollte, der Karpfen aber der Länge nach nicht über den Tellerrand reichen durfte, damit das Fastengebot nicht in Frage gestellt wurde.

In der Literatur wird eine ganze Reihe von Karpfenrassen bzw. Zuchtformen beschrieben, so der Böhmische Karpfen, der Lausitzer Karpfen oder der Lederkarpfen, der völlig schuppenlos ist. Ebenso gelten der Aischgründer Karpfen, der sich durch besagten hohen Rücken und die hoch aufragende Rückenflosse auszeichnet, und der Spiegelkarpfen, benannt nach seinen großen spiegelnden Schuppen, als eigene Zuchtrassen. Im allgemeinen Sprachgebrauch wird nicht immer so genau unterschieden und es bleibt zu hinterfragen, inwieweit die Karpfenrassen in ihrer jeweils eigenen Ausprägung überhaupt erhalten werden können. Roland Hubert misst ihnen in seiner Untersuchung zur Aischgründer Teichwirtschaft (1991) nur noch eine historische Bedeutung bei.

Die Behauptung, dass es, etwa in Asien, Karpfen geben soll, die 50 Jahre alt, 1,5 m lang und 30 kg schwer sind, ist für fränkische Karpfenliebhaber nun wirklich nur eine Marginalie.

Der Karpfen im Teich

Mehr als 5000 Weiher mögen es wohl sein, die in Mittelfranken zur Fischzucht genutzt werden. Wobei das sprachlich wiederum so eine Sache ist, sind die Weiher gemäß Definition doch in der Mehrzahl Teiche, denn unter einem Weiher versteht man ein auf natürliche Weise entstandenes stehendes Gewässer, unter einem Teich hingegen ein durch das Aufschütten von Dämmen künstlich angelegtes. In Franken und der Oberpfalz mischen sich allerdings die Bezeichnungen.

Die Teiche werden von Quellen oder Bächen gespeist und sind häufig terrassenartig angeordnet, sodass oft kilometerlange Teich- bzw. Weiherketten entstehen, wobei die oberen Teiche die unteren mit Wasser versorgen. Nicht selten gehören die einzelnen Weiher einer solchen Teichkette verschiedenen Teichwirten. Deshalb muss das für das Abfischen notwendige Ablassen des Wassers untereinander geregelt werden. Gelegentlich sind auch Himmelsteiche anzutreffen, deren Wasserstand allein durch die Niederschläge bestimmt wird.

Insgesamt jedoch macht der Aischgründer Teichwirtschaft der Wassermangel zu schaffen, wenngleich etliche Weihergebiete, wie etwa das bei Gottesgab in der Nähe von Höchstadt an der Aisch, wie eine Seenplatte wirken. In alten bischöflichen Urkunden werden die Weiher zum Teil sogar als See und die Aufseher als Seemeister bezeichnet. Trotzdem handelt es sich nicht um Seen, da sich diese von den Teichen und Weihern durch eine wesentlich größere Tiefe unterscheiden. Der Karpfen benötigt aber, um gut zu gedeihen, ein flaches, möglichst stehendes Gewässer, das sich schnell erwärmt.

Die Römer brachten den Karpfen wegen seiner Fruchtbarkeit mit der Göttin Venus in Verbindung. Ein Karpfenweibchen kann in der von Mai bis Juli dauernden Laichzeit bis zu 2 Millionen Eier an den Wasserpflanzen ablegen. Da Karpfen in den Sommermonaten wachsen, wird ihr Alter nach Sommern gerechnet. Bei einer Wassertemperatur von 20 bis 25 °C nimmt der Karpfen, der ein nachtaktives Tier ist, am meisten Nahrung zu sich. Er ernährt sich von Wasserpflanzen und Kleintieren. Während der sommerlichen Wachstumsphase der Fische müssen die Teichwirte bei überbesetzten Weihern Getreide zufüttern. Auf Mais wird dabei verzichtet, weil sich dadurch der Fettanteil erhöhen würde.

Traditionell findet im Herbst das Abfischen statt (wie hier bei Kosbach). Für diese Arbeit braucht man viele helfende Hände.

Karpfen-Speisen

Traditionell wird der speisefähige Karpfen, wie beschrieben, erst im dritten Jahr und nach mehrmaligem Umsetzen in verschiedene Teiche geerntet, wie das im Herbst stattfindende Abfischen genannt wird. Ebenfalls ganz traditionell stehen die Karpfen nur in den Monaten mit „r", also von September bis April, auf der Speisekarte der typisch fränkischen Karpfenlokale. Die pflanzliche Nahrung im Sommer (z. B. Blaualgen) soll angeblich einen „mooselnden" Beigeschmack verursachen. Karpfenkenner verzichten deshalb von Mai bis August auf die Fischmahlzeit.

Der knusprig gebackene Karpfen ist die klassische Zubereitungsart, dargereicht mit Kartoffelsalat und einem gemischten Salat. Es wird kein ganzer, sondern nur ein halber Karpfen serviert. Zu diesem Zweck wird der Fisch der Länge nach und einschließlich des Kopfes sowie der Schwanzflosse in zwei gleiche Hälften bzw. Portionen zerteilt. Und wegen der Gräten darf man beim Essen auch die Hände benutzen.

Doch der gebackene Karpfen ist bei weitem nicht die einzige Möglichkeit, sich diese Spezialität munden zu lassen. Der Fisch schmeckt auch blau, gegrillt, geräuchert, gedünstet oder als Filet, böhmisch, polnisch, ungarisch, sorbisch oder nach Oberpfälzer Art, warm oder kalt, als Sülze, Ragout oder Suppe, mit diversen Soßen und allerlei Zutaten, zusammen mit Bier oder Wein. Der Karpfen enthält einen hohen Anteil der für den Blutfettspiegel günstigen ungesättigten Fettsäuren und gilt, abgesehen von der Panade, als ausgesprochen fettarmes Lebensmittel.

Ein Aischgründer Karpfenpass macht das Programm komplett. Darin wird jedes Karpfenmahl in einem Gasthaus der Region notiert, mit Notenvergabe und Stempel. Der Verkehrsverbund des Großraumes Nürnberg (VGN) hat einen Aischgründer Karpfen- und Keller-Express eingerichtet. Mit dem steinernen Karpfen „Fridolin" in Höchstadt an der Aisch wurde schließlich das ultimative Karpfendenkmal geschaffen. Bereits seit 1956 gibt es in Höchstadt eine Außenstelle für Karpfenteichwirtschaft als Teil der Bayerischen Landesanstalt für Fischerei. Sie ist für wissenschaftliche

Untersuchungen und fachliche Beratung zuständig. Seit 2001 können Reisende in Sachen Karpfen sogar das Glück haben, der Karpfenkönigin zu begegnen.

Karpfen-Routen

Im Jahr 2000 entstand der Fränkische Karpfen-Radweg, der das gesamte mittelfränkische Karpfengebiet durchquert. Seine knapp 210 km lange Hauptroute führt von Dinkelsbühl über Heilsbronn und Höchstadt bis nach Erlangen. Um die Karpfenregion noch weiträumiger zu erfassen, wird zudem eine ähnlich lange Alternativroute angeboten, die auch den Aischgrund erschließt. Zusätzlich gibt es kleinere regionale Karpfen-Rundwege bei Dinkelsbühl, Feuchtwangen, Heilsbronn, Emskirchen oder Uehlfeld im Aischgrund. Die Radwegbeschilderung zeigt einen Karpfen und ein Fahrrad in Blau (die regionalen Rundwege sind grün gekennzeichnet). Karten erhält man bei der Tourist-Information Naturpark Steigerwald in Scheinfeld oder bei den anderen regionalen Tourist-Informationen. Entlang dem Karpfen-Radweg sind Lehrtafeln zum Thema aufgestellt.

Das vorliegende Buch geht eigene Wege. Als klassisch aufgebauter Reiseführer macht es auf die kulturellen Sehenswürdigkeiten und die Geschichte der beschriebenen Orte aufmerksam, berührt aber auch oft den Fränkischen Karpfen-Radweg oder andere Radwege. Im Idealfall verbinden sich

Fränkischer Karpfen-Radweg

Regionaler Karpfen-Rundweg

Historisches Fischerei-haus (Mitte 18. Jahr-hundert) mit Fach-werkobergeschoss und scheunenartigem An-bau. Das malerische Gebäude steht an einem Fischweiher am Ostrand von Neuhaus.

Kultur, Landschaft und kulinarische Genüsse. In vier Routen durchstreifen wir die verschiedenen Karpfengebiete, beginnend mit der Aischquelle und dem Aischtal als Zentrum. Die erste Route bringt uns von Bad Windsheim nach Höchstadt an der Aisch, bleibt also in Mittelfranken. Die zweite Route führt nach Oberfranken und nähert sich über den Steigerwald Bamberg, um anschließend von der Regnitz aus zur Aisch zurückzukehren. Die dritte Route geht (wieder in Mittelfranken) vom weitläufigen Weihergebiet bei Mohrhof und von Dechsendorf aus und verläuft von dort in südlicher Richtung bis zur Zenn. Die letzte Route schlägt einen Bogen über Heils-bronn, Wolframs-Eschenbach und Dinkelsbühl bis Feuchtwangen und Leutershausen. Doch trotz aller Abschweifungen verlieren wir den Karpfen niemals aus den Augen.

Aischquelle und Alexanderbrunnen

Wo anders als im Aischgrund sollte ein dem Karpfen gewidmeter und auf Franken bezogener Reiseführer beginnen? Der Aischgrund zwischen Bad Windsheim und Höchstadt an der Aisch ist neben dem Gebiet um Dinkelsbühl das klassische Zentrum der Teichwirtschaft, auch wenn der Fränkische Karpfen-Radweg ihn nur in einer Alternativroute berührt.

Und wo anders als an der Quelle des Flusses sollte eine kulturelle und eine fischreiche, kulinarische Reise durch das Aischtal ihren Anfang nehmen? Die **Aisch** entspringt in der „Windsheimer Bucht", die sich zwischen dem Vorderen Steigerwald im Norden und der Frankenhöhe im Süden erstreckt und den mittelfränkischen Kurort Bad Windsheim umschließt. Der Steigerwald und die Frankenhöhe sind als Naturparks ausgewiesen und bieten eine nahezu ideale Verbindung zwischen kulturgeschichtlichen Kleinodien und Wandermöglichkeiten.

Die Quelle der Aisch entspringt wenige Kilometer südöstlich von Bad Windsheim, unweit der Kreuzung der B 470 und der B 13. Folgt man von der B 470 aus der B 13 Richtung Würzburg, kann man rechts auf einen Parkplatz abbiegen, von dem aus einige Stufen zum baumbestandenen Ursprung des Flusses hinabführen. Die Aisch fließt über Bad Windsheim, Neustadt und Höchstadt, die beide dem Fluss ihren Namenszusatz „an der Aisch" verdanken, nordöstlich auf die Regnitz zwischen Bamberg und Forchheim zu, in die sie nahe Seußling mündet. Ihr Name dürfte vorgermanisch, vielleicht keltisch sein und geht auf die Grundworte „esk", „aisk" oder „eiska" zurück, die mit „hell", „klar" und „leuchtend", gelegentlich auch mit „Fluss" oder „fischreichem Wasser" übersetzt werden. Womit wir wieder beim Thema wären.

Gleich an der B 13, nordwestlich der Aischquelle, sei der Besuch des kleinen und durch eine Brunnen-Geschichte bekannten Ortes **Pfaffenhofen**

Die Quelle der Aisch: In dem mit Steinen gefassten Quellbecken dringt das im Sommer angenehm kühle Wasser aus dem Boden, um sogleich einen kleinen Flusslauf zu bilden, der zwischen Weiden entschwindet.

empfohlen. Der Neubau der Straße zwischen Ansbach und Würzburg, der heutigen Bundesstraße entsprechend, ist dem letzten fränkischen Markgrafen zu verdanken, Carl Alexander von Brandenburg-Ansbach und Bayreuth (1736–1806). In Pfaffenhofen schütteten seine Arbeiter versehentlich den Brunnen des Gasthauses zu, aus dem das Wasser zum Bierbrauen geschöpft wurde. Der Wirt legte Beschwerde ein und der Markgraf ließ – ein wenig großspurig – nicht nur einen einfachen Wasserspender, sondern ein wahres Brunnendenkmal mit seinem Bildnis darauf errichten.

Der Brunnen aus dem Jahr 1783 steht noch in der Ortsmitte. Die Bundesstraße führt jedoch nicht mehr durch den Ort, sodass Pfaffenhofen mit seinem originellen Brunnen und seiner Chorturmkirche, die im Kern aus dem 14. Jahrhundert stammt (Langhaus 1733/34), recht idyllisch wirkt. Weiter nordwestlich an der B 13 (bei Enheim zwischen Uffenheim und

Ochsenfurt) ließ der Markgraf in Erinnerung an seine neue Chaussee 1766 einen 9 m hohen Obelisken aufstellen. Er steht genau in der Straßenmitte, an der Grenze von Mittel- zu Unterfranken.

Carl Alexander, der keine Nachkommen hatte, sodass die Markgrafschaften nach seinem Tod sowieso an seine Verwandten, die preußischen Hohenzollern, gefallen wären, dankte 1791 zu deren Gunsten vorzeitig ab. Das geschah freilich nicht umsonst, sondern gegen Zahlung einer jährlichen Leibrente von 300 000 Gulden. So konnte Carl Alexander, des Regierens überdrüssig, mit seiner Geliebten, der Schriftstellerin Lady Elisa Craven, nach England entfliehen, wo er im Januar 1806 verstarb.

Burgbernheim, das Wildbad und die Fingalshöhle

Ehe wir uns hauptsächlich dem Aischtal widmen, wenden wir uns südlich der Flussquelle kurz der Frankenhöhe zu und dort zunächst **Burgbernheim**. Die kleine Stadt mit ihrer weithin sichtbaren Kirchenburg schmiegt sich an den Hang. Vor mehr als 1 200 Jahren wurde die Kirchenburg gegründet, die zur frühesten Ausstattung des Bistums Würzburg zählte und in ihrer stärksten Ausbauphase eine doppelte Ringmauer, vier Türme und zwei Tortürme besaß. Von der Anlage des späten Mittelalters sind nur ein Torhaus und ein runder Turm, der Seilersturm, erhalten. Die Johannes dem Täufer geweihte Kirche war ein romanischer Bau, an den nur ein Zackenportal des 12. Jahrhunderts und der Kirchturm erinnern, denn das Langhaus der heute evangelischen Pfarrkirche ist neugotisch (1876).

Vom dahinter steil ansteigenden Kapellenberg mit seinem Friedhof blickt man auf die mittelfränkische Stadt, deren Fachwerkhäuser und bäuerliche Anwesen oftmals ihr altes Aussehen bewahrt haben. Hervorzuheben sind das Riderschlösschen in der Schlossgasse 6, das 1801–1803 erbaute Rathaus am Rathausplatz oder das aus dem Jahr 1818 stammende Gasthaus „Zum Goldenen Hirschen" in der Windsheimer Straße 2, das neben anderen fränkischen Spezialitäten während der Saison auch Karpfen auf der Speisekarte hat.

Der Seilersturm ist neben einem Torhaus das einzige erhaltene Bauwerk der Kirchenburg in Burgbernheim. Beide Gebäude wurden im 16. Jahrhundert um ein Fachwerkobergeschoss ergänzt.

Nimmt man die Straße von Burgbernheim in Richtung Hornau (südlich), trifft man oben im Wald auf eine Abzweigung, die rechter Hand zum **Wildbad** führt. Auf einem schmalen Fahrweg geht es tiefer in den Wald hinein, bevor man überrascht vor einem historischen Kurbad steht, mit einem Badehaus von 1864 und einem Gasthaus von 1621, das, wie sollte es anders sein, ebenfalls Karpfen anbietet. Mittelalterlichen Kaisern wie Lothar III. und Karl IV. soll hier schon eine Heilquelle bekannt gewesen sein, die sie vielleicht auch genutzt haben.

Eine Sage weiß jedenfalls zu berichten, dass ein Bauer einen alten und gebrechlich gewordenen Schimmel, der ihm treue Dienste geleistet hatte,

Erst in den 50er-Jahren des 20. Jahrhunderts musste der Badebetrieb im Wildbad mangels Rentabilität eingestellt werden. Geblieben ist ein Gasthaus.

nicht töten wollte und ihn stattdessen aus Mitleid in den Wald trieb. Bald darauf entdeckten Waldarbeiter das Pferd, das aus einer Quelle trank. Es war wieder völlig zu Kräften gekommen. Dieses erstaunliche Geschehen sprach sich natürlich herum und fortan machten sich die Bewohner der Gegend das Wasser zunutze.

Im 15. und 16. Jahrhundert legte man erste Gebäude an, denen Markgraf Georg Wilhelm von Brandenburg-Bayreuth (1678–1726) den Bau eines Kurhauses folgen ließ. Im 18. Jahrhundert, zur Blütezeit des Bades, fügte Carl Alexander, der schon den Brunnen im nahen Pfaffenhofen gestiftet hatte, ein Markgrafenschlösschen auf der Anhöhe oberhalb des Kurhauses hinzu.

Nicht weit vom Wildbad entfernt, noch immer Richtung Hornau, befindet sich bei der Siedlung Erlach das Quellgebiet der Altmühl, wo auch auf eine der Quellen hingewiesen wird. Überhaupt ist die Landschaft um Burgbernheim reich an Flussquellen; denn unweit der Aisch und der Altmühl entspringen die Fränkische Rezat und die Zenn. An der Quelle der Altmühl führt der Altmühlweg, ein Radwanderweg, vorbei.

Erneut von Burgbernheim aus wenden wir uns nach Osten und fahren durch **Marktbergel,** dessen zwei Kirchen im Kern (Turmbereich) auf das 13. Jahrhundert zurückgehen. Wir kommen am 504 m hohen **Petersberg** vorbei, auf dem einst eine Wallfahrtskapelle stand, die im Bauernkrieg 1525 stark beschädigt wurde und 1681 schließlich abgetragen werden musste. Über Westheim und Sontheim gelangen wir fast bis Obernzenn, um auf dem Scheitelpunkt der Straße rechts in eine breite Nebenstraße („Panzerstraße") abzubiegen, von der aus wir nach einigen hundert Metern wiederum rechts zur **Fingalshöhle** gelangen (eine kurze Strecke zu Fuß über einen Wanderweg). Ein Platz am Waldrand mit literaturgeschichtlichem Bezug.

Die Fingalshöhle wird zwar nicht mehr als Steinbruch genutzt und ist auch keine richtige Höhle mehr, dafür jedoch ein einmaliges literarisches Naturdenkmal.

Zunächst dienten die Höhle und ihr unmittelbares Umfeld nur als Stein-bruch, in dem Schilfsandstein-Quader, etwa für die mittelalterliche Winds-heimer Stadtbefestigung, gebrochen wurden. Da der Steinbruch mit seiner herausgeschlagenen Höhle abgelegen war, konnte sich die Bevölkerung in Kriegszeiten gut darin verstecken. So geschehen im Dreißigjährigen Krieg und während der Feldzüge Napoleons. 1806 schlug ein französisches Regi-ment sein Feldlager in der Höhle auf, wovon noch die Inschrift des Kano-niers Bondu an einer Felswand zeugt. Auch eines Hauptmanns wird ge-dacht, V. L. von Erckert, der 1777 im amerikanischen Unabhängigkeitskrieg gefallen ist; allerdings auf Seiten der Engländer, hatte Markgraf Carl Alex-ander doch 2 200 Soldaten an sie vermietet, um die Staatskasse aufzubes-sern. Ganz absolutistisch.

All dies mag man heute zwar in einem historischen Licht sehen, ein lite-rarischer Bezug lässt sich darin jedoch nicht erkennen. Die romantisch-

Inschrift des Kanoniers Bondu

poetische Stimmung kam zusammen mit der Literatur erst im späten 18. Jahrhundert auf und hinterließ ihre Schriftzeichen und Zitate einge-ritzt in die senkrecht aufragenden rötlichen Steinwände. Mitglieder der Adelsfamilie von Seckendorff – Besit-zer der Schlösser in Obernzenn – und deren Freunde hatten den Ort für ihre schwärmerischen Gefühle entdeckt, angeregt durch einen schot-tischen Lehrer namens James Mac-pherson (1736–1796). Der hatte in den Jahren 1762–1765 eine Gedicht-sammlung in mehreren Bänden he-rausgegeben und so getan, als sei sie eine Wiederentdeckung und dem irisch-keltischen Helden und Dichter Ossian zuzuschreiben. Ossian gilt der Volkssage nach als der Sohn Fingals, dessen Palast aus einer Höhle mit hohen Basaltsäulen vulkanischen Ursprungs besteht und auf Staffa, einer Insel der Inneren Hebriden, vor der Westküste Schottlands liegt. Macpherson tat einfach so, als hätte er die angeblichen Gedichte Ossians aus dem Gälischen ins Englische übertragen. Tatsächlich hatte er zwar schriftliche und mündliche Sagenüberlieferungen verwendet, sie aber kräftig mit eigenen Fantasien durchmischt, sodass man durchaus von einer Fälschung sprechen kann, was sich freilich erst später herausstellen sollte.

Das Europa der frühen Romantik war begeistert von diesem groß angelegten Versepos mit seinen düsteren Naturschilderungen. Herder und Goethe stimmten in die Begeisterung ein, sogar Napoleon und später auch Fontane. Selbst die kleine raue Insel Staffa und ihre größte Höhle, die sagenumwobene Grotte Fingals, haben hohen Besuch angelockt, so zum Beispiel Königin Victoria, William Turner, den Maler des Lichts, oder den Komponisten Felix Mendelssohn Bartholdy. In den Kreisen der Familie von Seckendorff löste der „Ossian" ebenfalls große Begeisterung aus. Man projizierte die Naturschilderungen darin auf die eigene Umgebung, erklärte die profane Höhle des Steinbruchs zur geheimnisvollen Fingalshöhle und verewigte sich dort durch Inschriften.

Es lohnt sich, einen Blick auf die beiden Schlösser der von Seckendorffs in **Obernzenn** zu werfen. Das Blaue und das Rote Schloss sind aneinander gefügt und wurden weitgehend im 18. Jahrhundert erbaut. Die späteren Grafen von Seckendorff-Aberdar errichteten das Blaue Schloss anstelle einer Wasserburg, den Freiherren von Seckendorff-Gutend ist das Rote Schloss zu verdanken. Die entsprechende Farbe sollen früher auch die Häuser des Ortes getragen haben, je nachdem, welchem Zweig der Adelsfamilie sie gehörten. Das Blaue Schloss zählt zur Westmittelfränkischen Museumsstraße.

Der Turm der evangelischen Pfarrkirche stammt im unteren Teil aus dem 14. Jahrhundert, der Chor aus dem Jahr 1456. Das Langhaus wurde

Die Gusseisenbrücke im gepflegten Park des Blauen Schlosses, das besichtigt werden kann, wurde 1747 gefertigt und ist eine der ersten derartigen Konstruktionen.

1853 erneuert. Am Ortsausgang Richtung Sontheim liegt links (oberhalb eines Sportgeländes) ein 1613 angelegter jüdischer Friedhof. Im 17. und 18. Jahrhundert gab es im Ort eine jüdische Kultusgemeinde.

Kurbad und Losentscheid

Durch Obernzenn verläuft ein Abschnitt des Karpfen-Radwegs, der den Zenngrund mit dem Aischtal verbindet. Es bietet sich an, ihm über Sontheim und Ickelheim zurück zur Aisch und bis Bad Windsheim zu folgen. In **Ickelheim** sind zwei Torhäuser aus dem 18. Jahrhunderts erhalten. Ein Amtshaus aus dem 16. Jahrhundert (1776 verändert; Schlossgasse 12) zeugt davon, dass dieses Dorf zwischen 1294 und 1805 ein Stützpunkt des Deutschen Ordens war. Die evangelische Pfarrkirche St. Georg ist ein Gebäude des späten 15. Jahrhunderts. Der Name Ickelheim dürfte aus dem Personennamen Ickilo entstanden sein.

Bei **Bad Windsheim** überschneiden sich mehrere eigens ausgewiesene Wege und Straßen, wie der Karpfen-Radweg, der Aischtal-Radweg, der Zenntalradweg, die Aischgründer Bierstraße, die Mittelfränkische Bocksbeutelstraße oder die Fränkische Wehrkirchenstraße. Der Königshof Windsheim gehörte wie Burgbernheim ab 741 zur Erstausstattung des zur selben Zeit neu gegründeten Bistums Würzburg, das hier mit Beginn des 13. Jahrhunderts den planmäßigen Ausbau einer Stadt förderte, wollte es doch seine Besitzungen im Aischtal gesichert wissen.

Ab 1280 ist Windsheim Stadt, ab 1433 gar freie Reichsstadt. Infolge der Säkularisation fiel Windsheim 1810 an das Königreich Bayern. Trotz eines Großbrandes 1730 und eines barocken Wiederaufbaus besteht der ursprüngliche Grundriss der Altstadt noch. Sehenswert sind das imposante barocke Rathaus (1713–1717) am Marktplatz und die sich anschließende evangelische Stadtpfarrkirche, die im Kern spätgotisch ist, nach 1730 aber mit Ausnahme des Chors neu errichtet werden musste. Auf dem Marktplatz bietet sich den Besuchern ein Einblick in den freigelegten Untergrund der Stadt. Die archäologischen Fundstellen sind an Sonntagen (14–16 Uhr) sogar zu begehen.

Beachtenswert ist auch der verbliebene Rest eines Klosters der Augustiner-Eremiten: der Chor der Klosterkirche (14. Jahrhundert; am Klosterplatz, östlich des Marktplatzes). Das Kloster wurde bereits im Zuge der Reformation aufgelöst. Der Chor birgt eine 1559 angelegte öffentliche Bibliothek mit 112 mittelalterlichen Handschriften und anderen bibliophilen Kostbarkeiten. Der Windsheimer Rat hatte sie einst auf Bitten der Geistlichen und der Lehrer der Reichsstadt eingerichtet, um den Bürgern das Studieren zu ermöglichen. Besucher, die sich dafür interessieren, können sich beim Archiv der Stadt Bad Windsheim erkundigen.

Zu Beginn des 15. Jahrhunderts wurde am Ufer eines kleinen Sees die evangelische Nebenkirche St. Maria am See erbaut (Seegasse; südlich vom

Marktplatz). Der alte markgräfliche Getreidekasten, Ochsenhof genannt, ist ein 1537 entstandener Fachwerkbau, der heute das Reichsstadtmuseum (Seegasse 27) beherbergt. Östlich der Kirche St. Maria am See befindet sich der Holzmarkt, der direkt zur Rothenburger Straße führt. Ein Beispiel für die mittelalterliche Ständerbauweise aus Holz ist der mit einem steilen Walmdach versehene Bauhof (15. Jahrhundert; Holzmarkt 12). Mitte des 14. Jahrhunderts wurde die Spitalkirche in der Rothenburger Straße erbaut.

Ein sehr beliebtes Museum erstreckt sich am südlichen Stadtrand: das große Fränkische Freilandmuseum. Die andernorts abgetragenen und hierher gebrachten Originalhäuser stammen aus verschiedenen Regionen Frankens und aus unterschiedlichen Epochen. Das Museum bewahrt zwar ein Stück Heimatgeschichte, besser wäre es jedoch, dies an den Ursprungsorten zu tun.

1897 stieß man bei einer Brunnenbohrung eher zufällig auf eine Mineralquelle, die St.-Anna-Quelle. Diese Entdeckung hatte eine gezieltere Suche nach weiteren Quellen zur Folge, deren Heilwasser für Kuren genutzt werden sollten. 1902 erbohrte man die Schönthalquelle, 1907 eine Solequelle und 1955 die Kilianiquelle. Bereits 1908 wurde das erste Kurhaus eröffnet. Heute existieren neben dem Kurzentrum mit seinem Sole-Hallenbad mehrere Kliniken. Seit 1961 darf sich Windsheim zudem Bad Windsheim nennen.

Das Geburtshaus des bekanntesten Sohnes der Stadt, Georg Wilhelm Steller (1709–1746), ist nicht erhalten. Es befand sich in der nach ihm benannten Stellergasse (nördlich des Marktplatzes), an der Stelle, an der jetzt das Haus mit der Nummer 3 steht. Steller, von dem kein Bildnis überliefert ist, hatte in Wittenberg und Halle Theologie und Medizin studiert und war schließlich nach St. Petersburg aufgebrochen, um im Zarenreich als Akademiker Arbeit zu finden. Er sollte Glück haben, denn Peter der Große rüstete Expeditionen aus, um sein Land wissenschaftlich erkunden zu lassen. So gelang es Steller, an der „Großen Nordischen Expedition" un-

Die Kurstadt Bad Windsheim; Blick in die Seegasse

ter der Leitung des Dänen Vitus Jonassen Bering (1680–1741) teilzunehmen, die ihn 1741 von Sibirien aus über den Seeweg bis nach Alaska brachte. Auf der Rückfahrt zwang ein Sturm die Expedition, an einer unbekannten Insel zu stranden, die später den Namen Bering-Insel erhielt. Bering starb dort an Entkräftung. Steller und die übrige Besatzung konnten erst im darauf folgenden Jahr auf das Festland zurückkehren.

Während einer Reise nach St. Petersburg, um dem Zaren Bericht zu erstatten, erkrankte Steller vermutlich an Fieber. Am 12. November 1746 fand er im westsibirischen Tjumen den Tod. Sein Grab existiert nicht mehr. Als Lutheraner durfte er nicht auf dem orthodoxen Friedhof der Stadt begraben werden, weshalb man ihn am Ufer des Flusses Tura bestattete. Der Fluss aber hat das Grab längst mit sich genommen. Geblieben sind nur Stellers Aufzeichnungen über die Reise.

Ein Abstecher sei Frankenreisenden zum nördlich von Bad Windsheim gelegenen **Osing** empfohlen, einem Höhenzug des Vorderen Steigerwalds mit lebendiger mittelalterlicher Rechtsgeschichte. Wir nehmen von Humprechtsau aus – am südlichen Rand des Osing – die Ortsverbindungsstraße, die den Osing überquert, nach Krautostheim. Etwa auf halber Strecke treffen wir am Osingsee auf ein Fachwerkhäuschen, das Informationen zur Geschichte des Osing bereithält. Der Name Osing lässt sich vom mittelhochdeutschen Begriff „asanc" ableiten, der „versengen" bedeutet und auf Brandrodungen hinweist.

Beim Osing handelt es sich um eine Freimarkung, das heißt, das Land untersteht keiner Gemeinde, sondern gehört „Rechtlern". Sie besitzen seit dem Mittelalter das Recht, alle zehn Jahre die einzelnen landwirtschaftlichen Grundstücke auf dem Osing durch ein kompliziert anmutendes Losverfahren neu unter sich aufzuteilen. Das Recht ist ortsgebunden und liegt nur auf bestimmten Anwesen der vier Osingdörfer Humprechtsau, Krautostheim, Herbolzheim und Rüdisbronn. Es ist also nicht auf andere Anwesen übertragbar. Dieses überkommene Recht ist in Europa wohl einmalig und die Verlosung, die in den Jahren mit einer Vier am Ende stattfindet, lockt stets viele Schaulustige und die Medien an.

In **Humprechtsau** steht eine Chorturmkirche, die ursprünglich ein Bau des 15. Jahrhunderts ist (Fachwerkobergeschoss um 1600; Langhaus um 1700). Die Bezeichnung Humprechtsau könnte auf einen Personennamen zurückgehen.

Östlich des Osing verläuft der Kelten-Erlebnisweg, ein 200 km langer Wanderweg, der die Stadt Meiningen in Südthüringen mit Bad Windsheim verbindet. Nördlich erstreckt sich der Kunigundenweg, ein ebenfalls empfehlenswerter Wanderweg, der im Mittelalter das Benediktinerkloster St. Michael zu Bamberg mit seinen Besitzungen im unterfränkischen Aub verband (110 km). Auf dem Osing selbst sind kurze Spaziergänge möglich.

*Die Kinder aus den Osingdörfern haben am Tag der Aufteilung der Grundstücke schul-
frei, sind sie es doch, die die Lose ziehen.*

Entlang der Aisch bis Neustadt

Von Bad Windsheim aus fahren wir auf der B 470, die parallel zur Aisch und zum Fränkischen Karpfen-Radweg verläuft, in nordöstlicher Richtung. **Lenkersheim,** ein Nachbarort von Bad Windsheim, war eine königliche Gegengründung zur Stadterhebung Windsheims durch das Würzburger Bistum, hat jedoch nicht denselben Aufschwung erlebt. Zudem wird berichtet, dass die Windsheimer 1381 eine Burg in Lenkersheim zerstört haben. Auffällig sind der breite Marktplatz mit seinen Fachwerkhäusern und die evangelische Pfarrkirche (1682–1684).

Noch vor Ipsheim taucht rechter Hand die **Burg Hoheneck** über den Ipsheimer Weinlagen auf (Wein-Wanderweg). Die 1132 erstmals erwähnte Burg war unter anderem in markgräflichem Besitz. Im 15. und 16. Jahrhundert durch Brände verwüstet, wurde sie 1866 teilweise auf Abbruch

1953 erwarb die Stadt Nürnberg die Burg Hoheneck, die sie als Jugendbildungsstätte nutzt. Die Gebäude sind deshalb nicht zu besichtigen.

verkauft. Ein Ausbau erfolgte durch die Nazis, die hier politische Veranstaltungen und Lehrgänge abhielten. Kein rühmliches Kapitel.

Die Ersterwähnung **Ipsheims** fällt in das Jahr 1361. Der Ort gehörte zunächst – wie manch anderer Besitz in dieser Gegend – den von Seckendorffs, fiel dann aber wie die Burg Hoheneck an die Markgrafen. Das Rathaus und ehemalige Forstamt in der Ortsmitte, ein zweistöckiges Walmdachhaus aus dem 18. Jahrhunderts, ist aufgrund seiner zentralen Lage nicht zu übersehen. Die Pfarrkirche Johannes der Täufer mit ihren beiden Türmen stammt in den Grundmauern aus dem Mittelalter, das Langhaus im Wesentlichen aus dem Jahr 1692. Im Umfeld der Kirche bieten die Gasthöfe „Schwarzer Adler" und „Zum Goldenen Hirsch" Karpfen und Hausweine an. Außerdem gilt es, in Ipsheim eine kleine Besonderheit zu entdecken: ein barockes Weiherhäuschen, das vom ehemaligen Wassergraben eines mittelalterlichen Turmhügels umgeben wird.

An der Ortseinfahrt des nordöstlich von Ipsheim gelegenen **Dottenheim** – erstmals 774 urkundlich erwähnt – treffen wir auf eine spätmittelalterliche und in nachfolgenden Jahrhunderten veränderte Chorturmkirche mit

Chorturmkirche St. Cyriakus, Dottenheim

einem ummauerten Friedhof: St. Cyriakus. Der Märtyrer aus römischer Zeit († um 305) zählt zu den in Franken verehrten 14 Nothelfern. Die Kirche dient als evangelische Pfarrkirche.

Eine richtige Klosteranlage ist in **Birkenfeld,** kurz vor Neustadt an der Aisch, erhalten. Das Zisterzienserinnenkloster für adelige Damen verdankt seine Entstehung (nach 1276) dem Nürnberger Burggrafen Friedrich III. und seiner Gemahlin Helena von Sachsen. Auch Adelsgeschlechter der Umgebung dürften sich an der Stiftung beteiligt haben, sollte ihnen das Kloster doch als Grablege dienen, worauf Epitaphien hinweisen. Jeder Klosterfrau stand laut einer Urkunde aus dem Jahr 1359 während der Fastenzeiten täglich „ein seydelein Weyns, ein stük vische und ein schön brot" zu. Da mag unter den Fischen auch mancher Karpfen gewesen sein.

Das Kloster hatte bis zur Reformation Bestand und wurde 1536 endgültig aufgehoben. Der Beichtvater des Klosters, der aus Markt Erlbach stammende Pfarrer Kaspar Löhner, wandte sich bereits 1520 der lutherischen Lehre zu. In Wittenberg war er Schüler Luthers und Melanchthons gewesen. Kunigunda II. von Gottsfeld, die letzte Äbtissin, starb 1534. Ihrer Nachfolgerin, Dorothea III. von Hirschaid, wurde die Position einer Äbtissin nicht mehr zugestanden.

Die restaurierte und von der evangelisch-lutherischen Gemeinde genutzte Klosterkirche ist ein Werk des 14. Jahrhunderts. Sie wurde jedoch im Bauernkrieg und im Dreißigjährigen Krieg beschädigt. Die übrigen Gebäude der Vierflügelanlage prägen die Umgestaltung im Jahr 1724 und die Aufteilung in einzelne Anwesen. Für den Bau eines nahe gelegenen Bahndamms hat man im 19. Jahrhundert Steine des Turms und der Klostermauer verwendet. Die Klostermühle (18. Jahrhundert) besticht durch ihr Fachwerk.

Der fränkische Königshof Riedfeld kam wie Burgbernheim und Windsheim als Erstausstattung zum Bistum Würzburg. Um 1191 fiel das Gut an die Nürnberger Burggrafen bzw. die (Hohen-)Zollern und war in deren Nachfolge markgräflicher Besitz. Die Markgrafen ließen den Ort zu einem

Kreuzigungsrelief am Zisterzienserinnenkloster in Birkenfeld

kleinen Herrschaftszentrum ausbauen, das seit dem 13. Jahrhundert den Namen Neustadt (Stadtrecht seit 1345) trägt.

Neustadt an der Aisch entwickelte sich zu einer Residenzstadt, worauf das unter Markgraf Albrecht Achilles 1430–1440 erbaute Alte oder Innere Schloss (Untere Schlossgasse 6/8; Heimatmuseum) und die spätmittelalterliche Stadtbefestigung hindeuten. Von den einstmals vier Tortürmen der Befestigung ist das Nürnberger Tor erhalten (Nürnberger Straße); von den elf Mauertürmen stehen noch sechs. Kurfürstin Anna (1437–1512), die zweite Frau von Albrecht Achilles, wählte nach dessen Tod (1486) Neustadt an der Aisch als ihren Witwensitz. Sie ist zwar hier gestorben, hat ihr Grab jedoch in der Hohenzollerngrablege im Münster der mittelfränkischen Stadt Heilsbronn – ein Hochgrab, unter dem (begehbar) eine der Schwabachquellen entspringt.

Auch Friedrich II. – der Bruder Albrecht Achilles' und dessen Vorgänger als Kurfürst von Brandenburg – starb in Neustadt an der Aisch (1471). Er wurde ebenfalls im Münster zu Heilsbronn bestattet. Gesundheitlich angeschlagen und depressiv geworden, hatte er 1470 auf die Kurfürstenwürde verzichtet und war auf Anraten seines Bruders ins ländlich-idyllische Franken gekommen, um sich zu erholen.

Neustadt litt 1553 im zweiten Markgrafenkrieg ebenso unter Verwüstungen wie im Dreißigjährigen Krieg. Das Neue Schloss, das sich unweit des Alten Schlosses befand und wie dieses ein Markgrafenbau war, fiel 1906 einem Brand zum Opfer. An seiner Stelle wurde 1915 eine Schule errichtet (Schlossplatz 4). Vom ehemaligen Renaissanceschloss ist nur der Treppenturm erhalten.

Das stattliche barocke, mit Arkaden versehene Rathaus am Marktplatz brannte im April 1947 aus und musste im Innern erneuert werden. Der Vorgängerbau war im Dreißigjährigen Krieg zerstört worden. Täglich um zwölf Uhr mittags erscheint auf dem Dachreiter des Rathauses ein hölzerner Geißbock, der auf eine Sage zurückgeht und an Kriegszeiten erinnert. Als 1461 bayerische Truppen die Stadt belagerten, ließ sich angeblich ein Schneider in das Fell des letzten geschlachteten Geißbocks einnähen, um sodann auf der Mauer herumzuspringen und den Feinden vorzugaukeln, die Stadt verfüge noch über genügend Nah-

In den Arkaden des Rathauses am Marktplatz waren einst Läden untergebracht.

rungsmittel. Die Bayern sollen daraufhin abgezogen sein. Bayerisch wurde Neustadt trotzdem, allerdings erst 1810.

Die evangelische Stadtpfarrkirche St. Johannes Baptista geht auf eine Basilika aus dem 15. Jahrhundert zurück und hat ihre heutige Gestalt nach 1553 erhalten. Ein wahres Schmuckstück ist der spätgotische Aufsatz des Hochaltars, der wahrscheinlich in Nürnberg gefertigt wurde. Im Kirchenbezirk befinden sich zudem das Dekanatsgebäude von 1749/50 (Schlossplatz 1) und das ehemalige Beinhaus mit der Michaelskapelle von 1440 (Kirchplatz 3), das man 1557 um eine „Mägdleinsschule", eine Mädchenschule, erhöht hat (Obergeschoss).

Über Münchsteinach und Gottesgab nach Höchstadt an der Aisch
Die Lande um den Ehebach hießen im Mittelalter Ehegau. Der Ehebach fließt nahe **Diespeck,** dem nordöstlichen Nachbarort von Neustadt, in die Aisch. Der Ursprung des Ortsnamens hat vielleicht mit einem Knüppeldamm über die damals sehr sumpfige Aisch zu tun.

Aufmerksamkeit verdient ein jüdischer Friedhof, der sich oberhalb Diespecks an der Straße nach Dettendorf befindet (rechts vor dem Wald). Eine jüdische Bevölkerung ist im Aischgrund bis ins Mittelalter dokumentiert und es lassen sich noch heute – trotz der Vertreibung und Vernichtung der Juden im Dritten Reich – Orte jüdischen Lebens in der Gegend benennen, darunter eine ehemalige Synagoge, eine jüdische Schule, eine Mikwe (jüdisches Ritualbad) und ein Friedhof. In Bayern gibt es 123 historische Judenfriedhöfe. In Diespeck existierte bis 1918 eine jüdische Gemeinde. Auf dem Diespecker Friedhof, der von einer Mauer umgeben ist, um ihn als rituell unreinen Ort kenntlich zu machen, wurden auch jüdische Bürger aus Neustadt begraben. Viele Judenfriedhöfe waren Bezirksfriedhöfe, weil sich nicht jede ländliche jüdische Gemeinde einen eigenen Friedhof leisten konnte. Zudem sollte der Ort der Toten, der ihnen der religiösen Überzeugung nach für alle Zeit gehört, in einer bestimmten Entfernung zum Ort der Lebenden liegen. Das Tahara-Haus auf dem Friedhof diente der rituellen Reinigung der Toten („Tahara" bedeutet „Reinigung"). Ein Denkmal erinnert an die jüdischen Gefallenen des Ersten Weltkriegs.

Einen Besuch lohnt auch die evangelische Pfarrkirche in Diespeck, die um 1564 entstanden ist und 1752 barock verändert wurde.

Wir verlassen die Bundesstraße nordöstlich von Diespeck links und nähern uns **Gutenstetten** und damit dem Steinachtal. Die Steinach ist wie der Ehebach bei Diespeck einer der vielen Aischzuflüsse. Wie die Stadtpfarrkirche in Neustadt an der Aisch ist die evangelische Kirche in Gutenstetten Johannes dem Täufer geweiht. Sie birgt wie ihre Schwesterkirche einen künstlerisch wertvollen Flügelaltar, der 1511 von dem Bildhauer Veit Wirsberger aus Nürnberg geschaffen wurde und neben anderen Heiligen den Kirchenpatron darstellt. Gutenstetten gilt in dieser Region als eine der Urpfarreien des 8. Jahrhunderts. Die Kirche, die sicher eine Vorgängerin

Jüdischer Friedhof nahe Diespeck

Flügelaltar in der Kirche zu Gutenstetten, die Johannes dem Täufer geweiht ist

hatte und baugeschichtlich bis ins späte 15. Jahrhundert zurückreicht, wurde mehrfach erweitert (zuletzt 1903/04).

Wenige Kilometer die Steinach aufwärts kann man die eindrucksvolle romanische Basilika des ehemaligen Benediktinerklosters **Münchsteinach** besuchen, die sich über dem Tal erhebt. Die Gründung des Klosters im Jahr 1133 ist der Stiftung eines Adalbert von Steinach und seiner Schwester Adelheid zu verdanken. Für 1139 lässt sich ein erster Abt nachweisen; 1180 war die Kirche vollendet. Münchsteinach stand – vor dem Hintergrund der iroschottischen Mission des Mittelalters – in Beziehung zum Schottenkloster in Regensburg und über jenes auch mit dem südirischen Cashel, dem damaligen religiösen Zentrum Irlands.

Die Klostergebäude wurden im Bauernkrieg und im Dreißigjährigen Krieg bis auf den Ostflügel (15. Jahrhundert) zerstört. Das Kloster wurde

Das Abteischlösschen des ehemaligen Benediktinerklosters Münchsteinach war Amtssitz des letzten Abtes: Christoph von Hirschaid.

bereits in der Reformation aufgelöst. 1964–1979 stellte man das durch eine Barockisierung veränderte Erscheinungsbild der Kirche in seiner ursprünglichen Form wieder her, indem man unter anderem die spätromanische Bemalung restaurierte. 1520 ließ Christoph von Hirschaid († 1529), der letzte Abt des Klosters, das Abteischlösschen im Innenhof errichten. Auf dem Kirchenfriedhof liegt der beliebte Schauspieler Günter Strack (1929–1999) begraben, der in Münchsteinach gewohnt hat.

Zurück im Aischtal gelangen wir, wiederum in nordöstlicher Richtung, an **Forst** mit seinem Landgasthof „Zur Einkehr" sowie seiner Chorturmkirche St. Katharina (14. Jahrhundert) vorbei. Über **Gerhardshofen** – der hoch aufragende Turm der Pfarrkirche stammt aus dem Jahr 1481, das Langhaus aus dem Jahr 1795 – kommen wir schließlich nach **Dachsbach.** Und unversehens atmet man Weltliteratur.

„Geh auf den Weg nach Dachsbach", heißt es in einer kriegerisch verstandenen und mehr als 200 Jahre alten Aufforderung. Johann Wolfgang von Goethe hat sie dem Götz von Berlichingen in dem gleichnamigen, 1774 in Berlin uraufgeführten Schauspiel in den Mund gelegt. Der Dichter lässt seine Akteure zwischen der Götz-Burg in Jagsthausen und der bischöflichen Residenz zu Bamberg in den fränkischen Wäldern umherziehen.

Hinsichtlich der Gegend ist das Drama, das vor dem Hintergrund des Bauernkriegs von 1525 spielt, gar nicht so unrealistisch. Besaß nicht der echte Götz von Berlichingen ein Schlossgut im nahe gelegenen Illesheim?

Und plünderte und verwüstete nicht das wutentbrannte Bauernheer die Burg in Dachsbach – das Hohe Haus – oder die Klöster in Birkenfeld und Münchsteinach?

Freunde der Gegenwartsliteratur werden hier ebenso fündig, denn in Dachsbach wurde 1961 Helmut Haberkamm geboren, der mit so manchem Gedichte das Dorfidyll kritisch betrachtet und darüber hinausschaut. „Frankn lichd nedd am Meer" (1992) gehört zu seinen frühen Gedichtbänden.

Das Hohe Haus zu Dachsbach, ein Wohnturm aus Buckelquadern auf einem künstlich angelegten Hügel, sollte man bei einem Besuch nicht vergessen. Es handelt sich dabei um das einzig verbliebene Gebäude einer Wasserburg des 13. Jahrhunderts, die, wie erwähnt, 1525 im Bauernkrieg bereits Schaden genommen hatte. Markgraf Albrecht Alcibiades gab ihr 1553 endgültig den Rest. Angeblich steckte er selbst die Burg in Brand. Neben dem mittelalterlichen Wohnturm erhebt sich die evangelische Pfarrkirche, die im 14. Jahrhundert als Nachfolgerin der Burgkapelle errichtet und 1700–1701 völlig umgebaut wurde. Das Relief einer Schwurhand deutet auf einen Gerichtsort hin. Ein Gericht im Sinne einer Karpfenspeise kann man sich im Gasthof „Zum Brandenburger Adler" munden lassen.

Die Edlen von Ultefeld gelten als die Ahnherren unseres nächsten Aisch-Ortes **Uehlfeld,** der seit 1189 urkundlich belegt ist. Die einst dem heiligen Jakobus geweihte evangelische Pfarrkirche in der Hauptstraße hat in ihrem Chorturm etwas von der Ursprünglichkeit des 14./15. Jahrhunderts bewahrt. Das Langhaus wurde 1872 in neugotischem Stil angefügt. Von den beiden Straßentorhäusern ist nur das Untere Torhaus (1787) erhalten; das zweite hat man 1969 abgerissen, zu einer Zeit, als der Denkmalschutzgedanke noch nicht so ausgeprägt war. Gleichfalls in der Hauptstraße (Nr. 24) findet man den für Freunde des Aischgründer Karpfens empfehlenswerten Gasthof Prechtel.

In Uehlfeld lebten mindestens seit dem 16. Jahrhundert jüdische Familien. Der Anteil der jüdischen Bevölkerung war vor allem im 19. Jahrhun-

Das Untere Torhaus in Uehlfeld

dert sehr hoch. Es gab eine Synagoge, eine jüdische Schule, ein Ritualbad und einen jüdischen Friedhof. Die im 19. Jahrhundert neu errichtete Synagoge wurde 1938 von den Nazis in Brand gesteckt, sodass nur die Außenmauern stehen blieben. Nach dem Ende des Dritten Reiches hat die Raiffeisenbank die Brandruine erworben und später als Lagerhalle genutzt.

Folgt man von der Hauptstraße aus, rechts am Gasthaus Prechtel vorbei, der Kirchenstraße, trifft man an deren Ende auf das ehemalige jüdische Schulhaus (Nr. 6). Daneben steht das zum Lagerhaus umfunktionierte Synagogengebäude (Raiffeisenstraße 7).

Der unter alten Bäumen verborgene jüdische Friedhof liegt auf einer Anhöhe etwa 1 km außerhalb des Ortes, links der Straße nach Vestenbergsgreuth. Er wurde 1734 angelegt und birgt etwa 350 Grabsteine. Nach langjährigem Bemühen und gegen vehementen kirchlichen Widerstand hatte die jüdische Gemeinde vom Ansbacher Markgrafen die Genehmigung für jenen Friedhof erhalten. Die Gräber sind wie in den meisten jüdischen Friedhöfen nach Jerusalem ausgerichtet, damit die Toten nach der Auferstehung den Weg dorthin finden. Einige Grabsteine sind schon versunken oder in die Rinde eines Baumes eingewachsen.

Von Uehlfeld aus folgen wir im Aischgrund der B 470 Richtung Höchstadt und besuchen Lonnerstadt. Halten wir uns an den Karpfen-Radweg oder zum Teil an den Aischtal-Radweg, kommen wir beispielsweise bei Gottesgab (östlich von Uehlfeld; auch über Voggendorf zu erreichen) durch ein typisches Weihergebiet oder zum „Wandernden Grab" auf dem Lauberberg, von dem noch die Rede sein wird.

Das Schlösschen in **Lonnerstadt,** dessen Schauseite zum Fluss zeigt, wurde im 16. Jahrhundert erbaut, im 18. Jahrhundert jedoch umgestaltet. Bereits in früherer Zeit, im 12. Jahrhundert, müssen die Herren von „Lonerstat" hier ein Wasserschloss besessen haben. Ab 1618 war das Schlösschen Amtssitz der Stadt Nürnberg, die durch die Reformation Besitzungen in Lonnerstadt hatte. Noch vor nicht allzu langer Zeit verlief zwischen Lonnerstadt und Höchstadt eine gedachte Grenzlinie zwischen dem evangelischen und dem katholischen Gebiet. Selbst das Heiraten über diese Grenze war nicht gern gesehen.

Die über Lonnerstadt aufragende Pfarrkirche ist Teil einer Kirchenburg und im Kern mittelalterlich. Das baufällig gewordene Langhaus musste 1835/36 grundlegend erneuert werden. Die erste Kirche in Lonnerstadt, die

Das am Ortsrand von Lonnerstadt stehende Schlösschen

Gelegentlich berühren die Karpfen mit ihren hohen Rückenflossen die spiegelglatte Oberfläche der Weiher rund um Gottesgab.

möglicherweise von iroschottischen Mönchen gegründet wurde, zählt zu den Urpfarreien der Gegend. Gemäß einer Urkunde hatte sie Ludwig der Fromme bereits 831 mit Gütern versehen. Der Ort wird erst 910 erwähnt.

Bei **Gottesgab** fühlt man sich wie in einer Seenlandschaft, die wir, von Uehlfeld aus in östlicher Richtung oder über den Karpfen-Radweg erreichen. Hier fügt sich ein großer Weiher an den anderen und der Weiler wirkt fast wie eine Insel. Als Refugium war Gottesgab auch gedacht, als sich Christoph Rhelin, ein Magister der Theologie, 1572 hier ein Haus bauen ließ. Das heutige Hauptgebäude geht jedoch nicht auf ihn zurück, sondern stammt aus dem 17./18. Jahrhundert.

Nicht weit ist es von Gottesgab über Voggendorf und Weidendorf zur Antoniuskapelle auf dem **Lauberberg,** wo sich natürlich ein Gasthaus (Karpfen!) befindet, handelt es sich doch um einen Wallfahrtsort. Nicht nur im Sommer, wenn man im Garten des umfriedeten Anwesens sitzt, lohnt sich ein Besuch, denn es gilt, ein merkwürdiges Grab zu entdecken:

das Grab der im Volksmund als Seherin verehrten Sibylle Weiß. Die Edelfrau soll im Schloss zu Ailsbach gelebt haben. Oft, so berichtet die Sage, sei sie über die Aisch gekommen – in deren Wiesen man ihre Fußspuren im Tau sieht –, um auf der Anhöhe mit dem weiten Blick ins Tal zu beten. Sie verehrte den heiligen Antonius von Padua und ließ sie ihm auf dem Lauberberg eine Kapelle errichten, die 1489 erstmals erwähnt wird.

Nach dem Dreißigjährigen Krieg war die Kapelle verfallen. Erst Hans Georg von Lauter, der spätere Besitzer des Schlosses und Ortes Weisendorf im Seebachgrund, sorgte – neben weiteren Stiftern – 1674 für den Wiederaufbau der Antoniuskapelle. Von Lauter war Obrist eines fränkischen Kürassierregiments in der kaiserlichen Armee. Als er gegen französische Truppen bei Straßburg kämpfte, erkrankte er an Typhus und versprach, für seine Genesung die Antoniuskapelle restaurieren zu lassen.

Die Kapelle des heiligen Antonius von Padua auf dem Lauberberg

Die Kapelle entwickelte sich zu einem beliebten Wallfahrtsort, der 1763 mit einer neuen stattlichen Wallfahrtskirche bekrönt wurde, zu deren Weihe sogar der Fürstbischof von Würzburg und Bamberg, Adam Friedrich von Seinsheim, heraufkam. Aber schon bald konnte der Unterhalt für die Kirche nicht mehr aufgebracht werden, weshalb sie 1826 auf Abbruch verkauft werden musste. Erhalten sind nur die Kapelle, 1842 aus der Sakristei und einem Beichtraum der Wallfahrtskirche entstanden, ein unbenanntes Priestergrab und das Grab der Seherin Sibylle Weiß. Die Sage berichtet, dass ihr Leichnam auf einen Esel gelegt worden sei, der die Verstorbene auf den Lauberberg trug. Dort wollte sie begraben sein, nahe an der Mauer der Kapelle. Doch wenn das Grab in ferner Zeit so weit von dieser Mauer gewichen ist, dass ein Reiter zwischen Grab und Mauer hindurchzureiten vermag, dann beginnt der Jüngste Tag.

Über **Sterpersdorf** und den Karpfen-Radweg geht es nach Höchstadt an der Aisch. Dabei sollte man es keinesfalls versäumen, einen Blick auf die vorbildlich restaurierte und idyllisch am Fluss gelegene Sterpersdorfer Mühle (18. Jahrhundert) zu werfen. Die Chorturmkirche St. Vitus in der Ortsmitte ist ein gotischer Bau und stammt überwiegend aus dem 15. Jahrhundert.

Ginge es nach dem Karpfen „Fridolin", wäre **Höchstadt an der Aisch** das Zentrum der Aischgründer Karpfenwelt. An der Stelle, an der die B 470 das Stadtgebiet kreuzt, überragt er als steinernes Sinnbild eines Spiegelkarpfens die Straße. Ein respektabler Fisch, aus Muschelkalk gemeißelt.

Höchstadt ist mindestens 1000 Jahre alt, sofern man sich auf eine Schenkungsurkunde bezieht, mit der Hezilo von Schweinfurt 1003 seinen Besitz dem Kloster Fulda übertragen hat. Allerdings finden sich in Georg Dehios „Handbuch der Deutschen Kunstdenkmäler" (1999), in Heinrich Mayers „Kunst des Bamberger Umlandes" (1955) oder in Nikolaus Haas' „Geschichte des Slaven-Landes an der Aisch und den Ebrach-Flüßchen" (1819) wesentlich frühere Daten, und zwar ebenfalls in Form einer Schenkungsurkunde, die jedoch eine Fälschung sein könnte.

Die Sterpersdorfer Mühle lädt hin und wieder zu kulturellen Veranstaltungen ein.

Der 2,92 m lange, 1,66 m hohe und 0,76 m breite Karpfen „Fridolin" in Höchstadt

Das Stadtrecht erhielt Höchstadt im 14. Jahrhundert. 1633, im Dreißigjährigen Krieg, nahmen die Truppen des Herzogs Bernhard von Weimar die Stadt ein und zerstörten sie weitgehend. Nur wenige Verteidiger überlebten, indem sie sich in einem Brunnen und unter den Bogen der Aischbrücke versteckten. Andere Bewohner waren in den nahen Wald geflohen.

Die katholische Pfarrkirche St. Georg in der Altstadt gehört zu den wenigen Gebäuden, die den Angriff überstanden haben. Sie stammt im Kern aus dem 13./14. Jahrhundert, wurde jedoch 1729–1730 barockisiert. Teile des Ölbergs in einer Tuffsteingrotte neben der Kirche gelten als spätgotische Arbeit (um 1500). Die Spitalkirche St. Anna ist 1531 entstanden (Spitalstraße; neben dem Krankenhaus). Bemerkenswert sind auch das gelungen restaurierte Kommunbrauhaus (1741) in der Oberen Brauhausgasse 6 oder der spätmittelalterliche Torturm, das Wahrzeichen der Stadt. Leider hat man 1964 den sich anschließenden Stadtgraben vor der noch erhaltenen Befestigungsmauer aufgefüllt.

Von der alten Aischbrücke (17./18. Jahrhundert) bietet sich ein idyllischer Blick über den Fluss und die Stadtmühle (1715) auf das erhöht liegenden Schloss, dessen drei Flügel zwischen dem 13. und 15. Jahrhundert errichtet wurden. Johann Dientzenhofer hat das Schloss 1713 umgestaltet.

Von der Stadtmühle aus stößt man entlang einem schmalen Weg an der Aisch rechts in einem Durchlass der Stadtmauer auf das Geburtshaus von Johann Baptist Spix (1781–1826) in der Badgasse 7. Der Zoologe Spix war gewissermaßen ein jüngerer Kollege Stellers, nur dass er in wärmeren Regionen forschte. Im Auftrag des bayerischen Königs Maximilian I. Joseph bereiste er mit dem Erlanger Botaniker Carl Friedrich Philipp Martius (1794–1868) in den Jahren 1817–1820 Brasilien und erforschte den Amazonas bis in seine Quellgebiete. Die Forscher brachten eine umfangreiche wissenschaftliche Sammlung mit nach München und veröffentlichten unter anderem eine dreibändige Reisebeschreibung. Ihre Arbeit fand in Fachkreisen Anerkennung; beide wurden geadelt. Spix blieben nach seiner Rückkehr nur wenige Jahre, denn er litt seit der Expedition an einem Fie-

Die Mauern des Schlosses in Höchstadt fallen zur Aisch hin steil ab. Spaziergänger passieren entlang der Stadtmühle und dem Fluss niedrige Tore in den Stützpfeilern.

ber, das schließlich zum Tod führte. Der 13 Jahre jüngere Martius hatte dagegen eine lange und glänzende wissenschaftliche Laufbahn in München vor sich. Im Geburtshaus Johann Baptist von Spix' wird ein Museum eröffnet, das seinem Leben und Forschen gewidmet ist.

In Höchstadt halten wir uns in einer typischen Karpfengegend auf, deshalb dürfen Hinweise auf entsprechende Gasthäuser nicht fehlen. Empfehlenswert ist unter anderem das Speiselokal „Weberskeller", das auf dem Kellerberg 2 (Nackendorf) zu finden ist. Der Kellerberg ist, worauf der Name bereits hindeutet, geprägt von privaten Vorratskellern links und rechts der Straße. Im östlich der Stadt gelegenen **Gremsdorf** lohnt der Landgasthof Scheubel in der Hauptstraße 1 einen Besuch. Er befindet sich unweit der 1913 neu erbauten Pfarrkirche St. Ägidius (Chorturm aus dem

15. Jahrhundert), gegenüber dem Kloster der Barmherzigen Brüder, die seit 1895 im ehemaligen Amtsschloss (18. Jahrhundert) ein Pflegeheim und Werkstätten für Behinderte unterhalten. Das entspricht der Zielsetzung des Ordens, der 1537 durch den heilig gesprochenen Johannes von Gott (1495–1550) im spanischen Granada gegründet wurde. Gremsdorf gehörte ab 1288 bis zur Säkularisation 1803 zum Benediktinerkloster St. Michael in Bamberg.

Praktische Hinweise

Gasthäuser mit Karpfenangebot während der Saison (Auswahl)
– Gasthaus „Zum Hirschen", Holzmarkt 14, 91438 Bad Windsheim,
  Tel. (0 98 41) 26 96.
– Gasthof „Goldener Schwan", Rothenburger Straße 5, 91438 Bad Windsheim, Tel. (0 98 41) 50 61.
– Gasthof „Zum Goldenen Hirschen", Windsheimer Straße 2, 91593 Burgbernheim, Tel. (0 98 43) 12 06.
– Gasthof „Zum Brandenburger Adler", Bamberger Straße 1, 91462 Dachsbach, Tel. (0 91 63) 2 92.
– Landgasthof „Zur Einkehr", Forst 7, 91466 Gerhardshofen/Forst,
  Tel. (0 91 63) 3 95.
– Landgasthof Scheubel, Hauptstraße 1, 91350 Gremsdorf, Tel. (0 91 93)
  6 39 80.
– Radler-Treff „Zehntscheune", Hauptstraße 14, 91468 Gutenstetten,
  Tel. (0 91 61) 48 83.
– Gasthaus „Zur Post", Hauptstraße 34, 91315 Höchstadt an der Aisch,
  Tel. (0 91 93) 35 23.
– Gasthof „Zum Hirschen", Schlossberg 3, 91315 Höchstadt an der Aisch,
  Tel. (0 91 93) 34 12.
– Speiselokal „Weberskeller", Kellerberg 22, 91315 Höchstadt an der Aisch,
  Tel. (0 91 93) 83 95.

- Gasthof „Schwarzer Adler", Marktplatz 7, 91472 Ipsheim, Tel. (0 98 46) 2 18.
- Gasthof „Zum Goldenen Hirsch", Kirchplatz 4, 91472 Ipsheim, Tel. (0 98 46) 3 17.
- Brauerei Hausmann, Mühlgasse 10, 91475 Lonnerstadt, Tel. (0 91 93) 34 91.
- Gasthaus Markgrafenhalle, Comeniusstraße 1, 91413 Neustadt an der Aisch, Tel. (0 91 61) 87 49 73.
- Gasthof „Grüne Au", Hechelbach 1, 91619 Obernzenn/Hechelbach, Tel. (0 91 07) 2 77.
- Gasthaus Lauberberg, 91315 Höchstadt a. d. Aisch/Sterpersdorf, Tel. (0 91 93) 4 81.
- Brauerei-Gasthof Prechtel, Hauptstraße 24, 91486 Uehlfeld, Tel. (0 91 63) 2 28.
- Waldgasthof Wildbad, 91593 Burgbernheim, Tel. (0 98 43) 13 21.

Informationen
- Kur-, Kongress- und Touristik-GmbH Bad Windsheim, Erkenbrecht-allee 2, 91438 Bad Windsheim, Tel. (0 98 41) 40 20.
- Stadt Burgbernheim, Rathausplatz 1, 91593 Burgbernheim, Tel. (0 98 43) 30 90.
- Gemeindeverwaltung Dachsbach, Schulstraße 11, 91462 Dachsbach, Tel. (0 91 63) 4 29.
- Stadtverwaltung Höchstadt an der Aisch, Marktplatz 5, 91315 Höchstadt an der Aisch, Tel. (0 91 93) 62 20.
- Gemeindeverwaltung Ipsheim, Marktplatz 2, 91472 Ipsheim, Tel. (0 98 46) 9 79 70.
- Gemeindeverwaltung Münchsteinach, Kirchenweg 6, 91481 Münch-steinach, Tel. (0 91 66) 2 10.
- Stadt Neustadt an der Aisch, Tourist-Information, Marktplatz 5, 91413 Neustadt an der Aisch, Tel. (0 91 61) 6 66 14.

- Gemeindeverwaltung Obernzenn, Marktplatz 9, 91619 Obernzenn,
  Tel. (0 98 44) 9 79 90.
- Gemeindeverwaltung Uehlfeld, Rosenhofstraße 6, 91486 Uehlfeld,
  Tel. (0 91 63) 9 99 00.

Öffnungszeiten
- Bad Windsheim: Archäologische Funde unter dem Marktplatz,
  Tel. (0 98 41) 40 20: So. 14–16 Uhr.
- Bad Windsheim: Fränkisches Freilandmuseum, Eisweiherweg 1,
  Tel. (0 98 41) 6 68 00: Mitte März–8. Okt., Di.–So. 9–18 Uhr (Einlass bis
  17 Uhr); Juni–Aug. auch Mo. geöffnet; 9. Okt.–4. Dez. verkürzte
  Öffnungszeiten.
- Bad Windsheim: Historische Stadtbibliothek, Klosterplatz 4,
  Tel. (0 98 41) 66 89 15: nach Vereinbarung.
- Bad Windsheim: Reichsstadtmuseum im Ochsenhof, Seegasse 27,
  Tel. (0 98 41) 10 73: Ostern–Okt., Di., Do., Sa. und So. 14–17 Uhr.
- Neustadt an der Aisch: Heimatmuseum im Alten Schloss, Untere
  Schlossgasse 6/8, Tel. (0 91 61) 6 66 11: Di. 19.30–21 Uhr, So.
  13.30–16.30 Uhr.
- Obernzenn: Blaues Schloss, Tel. (0 98 44) 9 69 90: Apr.–Okt., jeweils am
  ersten und dritten Sonntag im Monat, Führungen um 14 und 15 Uhr.
- Sterpersdorf: Kulturelle Veranstaltungen in der Sterpersdorfer Mühle,
  Tel. (0 91 93) 45 63.

Wandern
- In Ipsheim, einer Weinbaugemeinde, gibt es einen Wein-Wanderweg, der
  bis hinauf zur Burg Hoheneck reicht: Markt Ipsheim, Tel. (0 98 46)
  9 79 70.
- In Uehlfeld wird ein eigener markierter „Karpfenrundweg" für Fahrrad-
  touristen angeboten, der 28 km lang ist und auch zu Karpfenteichen
  führt: Markt Uehlfeld, Tel. (0 91 63) 9 99 00.

Literatur

- Fleischmann, J. (Hg.): Mesusa 3. Spuren jüdischer Vergangenheit an Aisch, Aurach, Ebrach und Seebach. Die jüdischen Friedhöfe von Zeckern, Walsdorf, Aschbach, Uehlfeld, Mühlhausen, Lisberg, Burghaslach und Reichmannsdorf, Mühlhausen 2002.
- Fröhling, S., und Reuß, A.: Kunigundenweg zwischen Bamberg und Aub, Bamberg 1990 (Wege über Land).
- Haberkamm, H.: Frankn lichd nedd am Meer. 77 Gedichte in fränkischer Mundart. Mit einem Nachwort von Fitzgerald Kusz, Cadolzburg 1992.
- Hillermeier, H. (Hg.): Die Freimarkung Osing. Ein lebendiges Denkmal der Rechts- und Kulturgeschichte. Dokumentation zur Osingverlosung 1994, Uffenheim 1994.
- Hintzsche, W., und Nickol, T.: Die Große Nordische Expedition. Georg Wilhelm Steller (1709–1746). Ein Lutheraner erforscht Sibirien und Alaska. Eine Ausstellung der Franckeschen Stiftungen zu Halle, Halle und Gotha 1996.
- Maier, B.: Die Kelten. Ihre Geschichte von den Anfängen bis zur Gegenwart, München 2000 (Beck'sche Historische Bibliothek) [Kelten-Erlebnisweg/James Macpherson].
- Schwierz, I.: Steinerne Zeugnisse jüdischen Lebens in Bayern. Eine Dokumentation, 2. Auflage, München 1992.
- Spix, J. B. von, und Martius, C. F. P. von: Reise in Brasilien in den Jahren 1817–1820. Unveränderter Nachdruck des 1823–1831 in München in drei Textbänden und einem Tafelbild erschienenen Werkes. Hg. und mit einem Lebensbild des Botanikers C. F. P. von Martius sowie mit einem Register versehen von Karl Mägdefrau, Stuttgart 1980.
- Steller, G. W.: Von Sibirien nach Amerika. Die Entdeckung Alaskas mit Kapitän Bering 1741–1742. Hg. von Volker Matthies, Stuttgart 1986 (Alte abenteuerliche Reiseberichte).

Im Steigerwald zwischen Aisch und Bamberg

An der Ebrach

Auf der zweiten Route bereisen wir den Steigerwald nördlich des Aisch-grundes bis Bamberg, obwohl das Gebiet außerhalb des Karpfen-Radwegs liegt. Es gibt hier jedoch eine vielfältige Karpfenkultur. Wir beginnen nördlich von Höchstadt, in **Mühlhausen,** das sich an der Straße Schlüssel-feld/Pommersfelden in westöstlicher Richtung erstreckt. Der Norden Mühl-hausens klettert ein klein wenig einen Hügelzug des Steigerwaldes hinauf, der Süden dringt in den Talgrund bis an die Reiche Ebrach vor. Das Fluss-tal dehnt sich innerhalb großflächiger Wiesen etwa 1,5 km aus und die begrenzenden Hügelzüge überragen das Ortsniveau (275 m) nur um 50 bis 70 m, sodass sich das Himmelsgewölbe weit aufspannt – ähnlich wie im Aischgrund, der an manchen Stellen noch grandioser wirkt.

Sehr alt ist die evangelische Pfarrkirche Mühlhausens, worauf auch das ehemalige Patrozinium St. Marien und Kilian verweist. Kilian war jener Mönch aus Südirland, der das Christentum in Franken in frühester Zeit verbreitete. Er wurde 689 wegen seiner Lehre ermordet, die den Vorstel-lungen germanischer Herrscher zu sehr widersprach. 1008 wird die Pfarrei Mühlhausen erstmals in einer Urkunde erwähnt. Turmuntergeschoss und Chor der Pfarrkirche entstanden Ende des 15. Jahrhunderts. Zwei erhaltene Grabsteine sind wertvolle Kunstdenkmäler: der Grabstein Jochens von Egloffstein aus dem Jahr 1590 und jener der Amalie von Egloffstein, die 1626 verstarb.

In der Nähe des restaurierten ehemaligen Egloffstein'schen Schlosses – eigentlich eine Wasserburg des 14. Jahrhunderts – steht ein Haus, das bis 1938 als Synagoge diente (Schloßweg 5). In jenem Jahr wurde das Gottes-haus aufgebrochen und von kultur- und seelenlosen Unmenschen, den Nazis, verwüstet. Das Gebäude blieb erhalten, befindet sich heute jedoch in einem unwürdigen Zustand. Als „sehr gepflegt" (Schwierz) gilt hingegen der Judenfriedhof, der auf einem Hügel 750 m nordwestlich der Kirche zwischen größeren Feldwegen versteckt liegt. Die Umfriedung und das Tahara-Haus werden bewahrt und die alten Grabsteine vor dem Versinken geschützt.

Vom Friedhof nach Mühlhausen zurückkehrend überqueren wir die Hauptstraße, die Bahngleise und die Reiche Ebrach. Wir fahren südlich nach Schirnsdorf, an den Südrand der Wiesen im Flusstal. In den Sommermonaten erinnert der Radweg an die irische Heimat des heiligen Kilian: Eine Art großartige Einsamkeit liegt über der Landschaft, kleine Bau-

An der Synagoge von Mühlhausen

ernhäuser in verwinkelten, engen Dörfern und kräftige Westwinde beeindrucken den Reisenden.

10 km ebrachaufwärts, also westlich, ist die Atmosphäre ganz anders: In **Weingartsgreuth** hat sich ein eher französisches Landschloss an einen fränkischen See verirrt, den man wegen dieses eleganten Gebäudes gar nicht so profan als Karpfenweiher bezeichnen mag. Das Schloss von Weingartsgreuth war ursprünglich ein Wasserschloss, das im 18. Jahrhundert außerhalb des Wassers neu erbaut wurde. Die Flanken des Hauptbaus schwingen in französischer – oder gar italienisch inspirierter – Eleganz mit spitzen Winkeln aus. Von einem ursprünglichen Schlossbau ist ein runder Turm (16. Jahrhundert) erhalten.

An die oberhalb tosende Autobahn verschwenden wir in Weingartsgreuth kaum einen Gedanken. Wir verinnerlichen die Verse Eichendorffs („Da draußen, stets betrogen,/Saust die geschäftge Welt ...“ [Joseph von

Idyllisch gelegener Karpfenweiher mit Inselchen, Weingartsgreuth

Eichendorff, Abschied]) und ziehen uns in die Gaststätte zurück, um einen Karpfen zu verspeisen.

Auch die katholische Pfarrkirche St. Gertraud im direkt an der Ebrach gelegenen **Wachenroth** geht möglicherweise auf eine iroschottische Gründung zurück. 1008 kam das Dorf an das Hochstift Bamberg, das ab 1007 ausgestattet wurde. Das wertvollste Kunstwerk des Ortes ist ein spätgotischer Bildnisstein für eine gewisse Margarethe von Lauffenholz, die 1519 verstarb. Er befindet sich im Chor der katholischen Pfarrkirche St. Gertraud, der einem hochmittelalterlichen Vorgängerbau als Langhaus diente.

Thüngfeld war der ältere Besitz Konrads III. von Schlüsselberg, älter als die benachbarte, heute größere Stadt Schlüsselfeld. Konrad III. erwarb 1300 die Hälfte der Burg Thüngfeld, die andere Hälfte blieb im Besitz derer von Thüngfeld, Ministeriale der Bamberger Bischöfe. Später gerieten Ortschaft und Burgschloss unter den Einfluss Würzburgs und zu Beginn des 19. Jahrhunderts wurde die Burg teilweise abgetragen. Heute erkennt man südlich unterhalb der Hauptstraße nur noch Reste (auch des Grabens). Die Chorturmkirche in Thüngfeld entstand Ende des 14. Jahrhunderts. Hochaltar, Kanzel und Beichtstühle, die sich heute in der Kirche befinden, wurden erst 1825 in St. Bartholomäus aufgestellt; sie stammen aus einer abgetragenen Wallfahrtskirche auf dem Lauberberg bei Höchstadt und wurden hierher verkauft.

Um 1330 gründete Konrad III. von Schlüsselberg in der Nachbarschaft von Thüngfeld den Ort **Schlüsselfeld,** auf einem Gebiet, das zu seinem Besitz gehörte. Mit den Herren von Schlüsselberg beschäftigen wir uns in Schlüsselau näher (s. S. 75). 1396 erhielt Schlüsselfeld das Stadtrecht, da man es damals wohl schon mit einem Mauerring geschützt hatte. Schmuckstück der Ummauerung ist der den Marktplatz abschließende Torturm mit Vorwerk aus dem 15. Jahrhundert.

Den ansprechenden Marktplatz, von dem die Autos noch mehr vertrieben werden müssten, bereichern mehrere altehrwürdige Gebäude, vor allem das barocke ehemalige Rathaus (Marktplatz 25), das 1723 erbaut wurde. Der lateinische Spruch, den man dort lesen kann, unterstreicht die grundlegenden Werte des Gemeinwesens: Dieses Haus hasst die

Petrus-Brunnen am Marktplatz in Schlüsselfeld

Schlechtigkeit, liebt den Frieden, bestraft die Verbrechen, hütet das Recht und ehrt die Frommen. Seit einiger Zeit ist in dem Gebäude ein Museum untergebracht, die Stadtverwaltung findet man inzwischen im ehemaligen fürstbischöflichen Amtshaus (Marktplatz 5), das 1626 errichtet wurde.

Seit 1376 ist Schlüsselfeld Pfarrei, die katholische Pfarrkirche St. Kilian und Johannes der Täufer stammt aus dem 15. Jahrhundert. Außerdem gibt es ein gotisches Beinhaus (1423).

Mit kunstgeschichtlich bedeutsamen Namen schmückt sich die Marienkapelle am südlichen Stadtrand von Schlüsselfeld, die 1724/25 nach einem Entwurf von Balthasar Neumann umgebaut wurde. Sie ist auch unter dem Namen „Klein Maria Zell" bekannt, denn der Hochaltar ist eine Kopie des Gnadenaltars von Johann Bernhard Fischer von Erlach in Maria Zell in der Steiermark. Gestiftet hat die Kapelle der aus Schlüsselfeld stammende Wiener Johann Lorenz Totzler, der außerdem die Kopie des Gnadenbildes besorgte und somit einen Anklang an den heiteren österreichischen Barock in den fränkischen Steigerwald brachte.

Unsere Route führt in nordöstlicher Richtung nach Reichmannsdorf, mit dem ähnlich große Namen verbunden sind. Zunächst sei aber der Schlüsselfelder Stadtwald genannt, der zwischen beiden Orten bis zum Sommerrangen aufsteigt, der mit 433 m höchsten Erhebung. Durch den Wald verläuft der Kunigundenweg, den man von Bamberg bis ins unterfränkische Aub am Taubergrund begehen kann.

Eine lange Reihe von Karpfenweihern fädelt sich außerhalb des Waldes an der Ortsverbindungsstraße zwischen Schlüsselfeld und Reichmannsdorf im Talgrund auf. Im letzten und größten Weiher, dem Großen Mühlsee, spiegelt sich das Reichmannsdorfer Schloss, das Wolf Philipp von Schrottenberg 1714–1719 nach Plänen des berühmten Johann Dientzenhofer erbauen ließ. Der Bauherr, der sich im Umfeld von Fürstbischof Lothar Franz von Schönborn im nahen Pommersfelden bewegte, wirkte selbst am Entwurf mit. Seine Familie entstammte dem steirischen Uradel – erneut eine Verbindung zwischen dem Steigerwald und der Steiermark.

Über den Sommerrangen mit seinem weithin sichtbaren Sendemast führt der Sieben-
hügelweg, eine der alten Hochstraßen im Steigerwald, über den sich solch altertümliche
Kirchen wie jene in Ilmenau oder Großbirkach erwandern lassen.

Reichmannsdorf war eine kleine Welt für sich, eine etwas zu kleine Welt
vielleicht. Man sah sich immer im lokalen Zwist mit der Stadt Schlüsselfeld, war jedoch mit Bamberg oder Würzburg geistig auch nicht tiefer verbunden. Gründer der Pfarrei war 1473 der Würzburger Fürstbischof Rudolf von Scherenberg (1402–1495), dessen Stammburg am Nordhang des
Zabelsteins lag (im nördlichen Steigerwald bei Knetzgau). Sein steinernes
Grabmal (1496–1499) im Würzburger Dom gehört zu den großartigsten
Werken Tilman Riemenschneiders. Es zeigt einen alten, strengen Mann,
der schmallippig und würdig seitwärts nach oben blickt – wohin? Über
dem Eingang der Schlüsselfelder Pfarrkirche ist sein Wappen angebracht,
erkennbar an den Scheren. Von 1790 bis 1867 gab es in der kleinen Welt
von Reichmannsdorf sogar eine Porzellanmanufaktur, und zwar im Haus

Blick vom Mühlsee auf das prächtige Reichmannsdorfer Schloss

Nr. 34¹/₂, also auf der anderen Seite des großen Weihers, dem Schloss gegenüber.

In südöstlicher Richtung kann man durch das Albachtal nach Mühlhausen zurückkehren. Dabei kommt man an einer ausgedehnten Reihe von Karpfenweihern vorbei und durchstreift eines der abgelegensten und zugleich ansprechendsten Täler der weiten Umgebung. Das Albachtal und seine Nebentäler sind auch für Radtouren geeignet, die auf den normalen, wenig befahrenen Straßen unternommen werden können. Der Abschnitt zwischen Hirschbrunn und Unterköst, Fischgallgraben genannt und begleitet von melancholisch verlandeten Weihern, gilt als Geheimtipp.

In der Umgebung von **Küstersgreuth** wird alles überschaubarer – weite Panoramen bieten einen Ausgleich zu den verträumten Tälern. Die Wallfahrtskirche St. Marx in Küstersgreuth ist nicht dem Begründer des Dialektischen Materialismus, sondern dem heiligen Markus gewidmet! Zwei Figuren des Heiligen standen in der Kirche, die im 19. Jahrhundert umgebaut wurde: eine evangelische und eine katholische, da der Anspruch auf die alte sakrale Stätte (1300 genannt) umstritten war.

Burgebrach, weiter im Norden über Tempelsgreuth und Unterneuses zu erreichen, am Zusammenfluss von Rauher und Mittlerer Ebrach, war dagegen schon immer katholisch. Der Ort ist 1023 erstmals urkundlich erwähnt; die Pfarrkirche St. Veit stammt aus dem

Einer der sieben Heiligen auf der Brücke über die Rauhe Ebrach im Licht der untergehenden Sonne

frühen 15. Jahrhundert. Auf dem Platz vor der Kirche steht ein ausdrucksstarker gotischer Ölberg aus der Zeit vor 1500. Das Torhaus am Anfang der Hauptstraße dient als Rathaus und trägt die Jahreszahl 1720. Der Brauerei-Gasthof „Schwan" liegt ebenfalls an der Hauptstraße (Nr. 16) und bietet seinen Gästen selbst gebrautes Bier zum Karpfen. An der Brücke über die Mittlere Ebrach steht ein archaisch wirkender Bildstock (1522).

Wir setzen unsere Rundreise auf dem Kunigundenweg in nordöstlicher Richtung fort, ein Weg, der kurz nach dem Verlassen des Neubaugebiets von Burgebrach auf besondere Weise verziert ist. Sieben Heiligenfiguren säumen die Brücke über die Rauhe Ebrach: Vitus, Heinrich, Otto, Wolfgang, Johann Nepomuk, Nikolaus und Kilian. Weshalb wurde der hiesige Übergang zwischen Burgebrach und Grasmannsdorf so aufwändig gestaltet? Die

Brücke trug nicht nur Fußgänger oder die üblichen Fuhrwerke, man transportierte darüber auch die großen „Holländerbäume", die im Steigerwald geschlagen und nach Bamberg gebracht wurden. Auf der Regnitz wurden dann lange Flöße zusammengestellt, die man über den Main und den Rhein bis nach Holland lenkte. An der Ebrachbrücke vor **Grasmannsdorf** kassierte man an der Figur des heiligen Nikolaus Zoll, sodass sich die Brückenverwaltung „ihre Heiligen" leisten konnte.

Manch einer mag bei dem Flussnamen Rauhe Ebrach an uralte Sagen denken, an eine raue Landschaft und wilde Einsamkeit, und das scheint im nördlichen Steigerwald gar nicht so weit hergeholt. Ortsnamen wie Wustviel (von den wüsten, also unbebauten Feldern) oder Waldschwind (zu den Wenden eines Walachs) tragen ein Übriges dazu bei, die namengebende Rauheit nachzuempfinden.

Wir wollen jedoch im Karpfengebiet bleiben und begeben uns nach **Ampferbach,** den nördlichen Nachbarort von Burgebrach. Die heimatgeschichtliche Chronik von Joseph Neundorfer über Burgebrach und seine Umgebung erwähnt jungsteinzeitliche Steinwerkzeuge (4000–2000 v. Chr.), die bei Ampferbach gefunden wurden, nicht ohne zu betonen, dass es hier sicher auch schon in der Altsteinzeit Besiedlung gab.

Vielleicht war der Kirchplatz die älteste befestigte Stelle. Immerhin steht die im Kern gotische Kirche (Chor; Sakristei 13. Jahrhundert) direkt an der Straße und leicht erhöht. Im Innern birgt das Heiligtum eine Muttergottesfigur im Strahlenkranz, über die es bei Thomas Korth heißt: „Die um 1470 entstandene Figur gehört zu den besten Werken der Bamberger Skulptur jener Zeit" (Franken: Die Region 4, S. 337).

Auf dem Hügel südlich der Kirche, dem Bergzug zwischen Ampferbach und Burgebrach, stand einst die Burg Windeck, von der nicht einmal mehr eine Ruine zu erkennen ist. Der Sage nach ist sowieso alles versunken, denn das letzte Fräulein von Windeck soll ihre arme Tochter Urschela mitsamt dem Schlosse verwunschen haben und daraufhin soll alles verschwunden sein.

An der Aurach

Von Ampferbach kommen wir über Dietendorf, Steinsdorf und Frenshof in das Tal der nördlichen Aurach. Karpfenweiher findet man bei Tretzendorf, Priesendorf oder Trabelsdorf, in dessen Nähe wir verweilen, um uns dem kulturhistorischen Höhepunkt dieses Gebietes zuzuwenden: der Burg Lisberg. Eigentlich wirkt sie immer malerisch, von welcher Seite aus man sie auch betrachtet. Der große runde Bergfried (12. Jahrhundert) mit den sich relativ lang hinziehenden Vorbauten setzt ein markantes Zeichen über dem Aurachgrund. Die romanische Anlage wird bereits 820 erstmals erwähnt und ist damit eine der ältesten Burgen Frankens. Wenn man sich der Kernburg nähert – davor steht ein Gutshof –, gelangt man im letzten Torbogen rechts in eine romanische Kapelle, die Reste von Wandmalereien birgt. Die ehemals barocke Pfarrkirche wurde immer wieder erweitert und verbaut. In der Flur oberhalb des Ortes, links der Straße nach Frenshof, liegt ein Judenfriedhof, geborgen unter üppigem Baumbestand.

Die Wälder rings um Lisberg lassen vergangene Strukturen erkennen: historische Wege oder Flurdenkmäler. Einer der Wege ist die alte Hochstraße, die über Kolmsdorf und Hetzentännig in den Michelsberger Wald bis Bamberg führt. Ein Ort voll Erinnerungen ist die Charlottenruh-Quelle, auch Friedleinsbrunnen genannt, am Main-Donau-Wanderweg südlich von Dankenfeld. Der Wanderer kann sich an einem kleinen Teich ausruhen, der am Rand einer größeren Lichtung von einer Quelle gespeist

Idyllisch gelegener Teich bei Dankenfeld

wird; die Quelle ist gefasst und sprudelt aus einer Mauer mit einem Gedenkstein. Der Inschrift ist zu entnehmen, dass die „Freundin der Dichter", Charlotte von Kalb (1761–1843), gern an diesem Ort weilte. Tatsächlich war sie eine Freundin berühmter Dichter: Schiller, Goethe, Jean Paul und Hölderlin zählen zu diesem illustren Kreis, wobei Hölderlin, einem Brief nach zu schließen, die Quelle bei Dankenfeld möglicherweise selbst einmal aufgesucht hat. Zu jeder Jahreszeit ist dort zu beobachten, wie sich Wald, Wiese und Wasser verwandeln, aber die Zeit nicht fortzurinnen scheint.

Weiter die Aurach abwärts windet sich die Hauptstraße durch **Walsdorf.** Dort kann man auf der Durchreise innehalten, zum Beispiel um im Zentrum die evangelische Pfarrkirche zu besichtigen, die im 18. Jahrhundert künstlerisch ausgestattet wurde. Eindrucksvoll sind die Gemälde-Epitaphien unter der Empore, unter anderem für die Familien Adam, von Crailsheim, von Abenberg und von Seckendorff (jeweils 17. Jahrhundert). Das Fachwerkhaus mit Gaststätte wurde 1707 errichtet. Der Judenfriedhof an der Straße nach Steinsdorf ist laut Dehio bereits 1529 erwähnt. Das Tahara-Haus mit Fachwerk entstand 1742. Der Begräbnisplatz war einst im Besitz der jüdischen Gemeinde zu Bamberg.

In **Mühlendorf,** das wir von Walsdorf in östlicher Richtung über Erlau erreichen, gibt es einige Weiheranlagen und dazu passend Wirtschaften, die Karpfen anbieten. Die moderne Kirche prunkt mit einem heiligen Rochus am Hochaltar – eine Arbeit aus der Werkstatt Tilman Riemenschneiders. Sein Pendant, der heilige Sebastian (von Pfeilen durchbohrt), ist nur eine Kopie; die Originalfigur, vom Meister selbst geschaffen, reiht sich heute in die zahllosen Sammlungen des Bayerischen Nationalmuseums in München ein.

Von Mühlendorf aus kann man mit dem Fahrrad angenehm rechts der Aurach weiterfahren, was in diesem Tal sonst leider kaum möglich ist. Ein Radweg auf der rechten Aurachseite, abseits des Autoverkehrs, würde für das gesamte Aurachtal eine entscheidende Verbesserung bringen. Und etwas Bewegung kann nach dem Genuss eines Karpfens auch nicht schaden.

Bei diesem Schild mag der Gast ins Grübeln kommen: Sind hier tatsächlich „Krapfen" oder doch eher „Karpfen" gemeint?

Dieser Genuss bietet sich auch in **Stegaurach,** einem der ältesten Orte des Tals mit durchaus historischer Bedeutung; immerhin wird er in kaiserlichen Urkunden erwähnt: 973 schenkte Kaiser Otto II. „Nendelin Uraha" auf dem Boden des Königsguts „Papinberc" (Bamberg) seinem Vetter Heinrich, Herzog von Bayern. Dessen Sohn, der spätere König und Kaiser Heinrich II., brachte den Besitz seiner Gemahlin Kunigunde als Morgengabe dar. Ab 1007 aber bildete das Bamberger Königsgut mit allen dazugehörigen Teilen den Grundstock für das neu gegründete Bistum Bamberg.

Die Zeugnisse der Geschichte sind baulich kaum noch zu erkennen. Leider wurde die alte Kirche vor einigen Jahren abgerissen und durch einen Neubau ersetzt. Wir blicken nur kurz hinüber zur Siebenschläfer-Kapelle, südlich der Aurach, die 1696 von Bonaventura Rauscher errichtet wurde. Dann wenden wir uns dem großen Karpfenteich mit seinem Gasthaus „Windfelder am See" zu, um uns dem oben erwähnten Genuss hinzugeben.

Der Bamberger Teufelsgraben mit Blick auf die Altenburg

Der Bamberger Kaiserdom, davor St. Jakob. In der Ferne der Fränkische Jura.

Von Bamberg an die Aisch

Über die B 22 oder über ein idyllisches Sträßchen (für den Autoverkehr gesperrt) kommt man nördlich von Stegaurach nach **Bamberg** bzw. in den Ortsteil Wildensorg, wenn man genau auf die deutlich sichtbare Altenburg zusteuert. Die Landschaft entlang dem Feldweg zwischen Stegaurach und Wildensorg wirkt kleinräumig und freundlich, vielleicht wegen der vielen Gärten und dem Wechsel zwischen Ebene und niedrigen Hügeln.

In dieser Gegend kann man die Stadtgrenze von Bamberg überschreiten, ohne die Natur zu verlassen. Warum finden sich zwischen der Altenburg und der Bebauungsgrenze keine Tangenten, Industrieanlagen und die andere, sonst übliche Infrastruktur? Der Grund dafür liegt in den früheren Besitzverhältnissen in diesem Gebiet. Die Bamberger Bergstadt befand sich im Besitz der Kirchen bzw. Stifte, die auf den sieben Hügeln Bambergs ihre Immunitäten hatten, das heißt ihre eigenen Rechts- und Machtbezirke. Zur militärischen Sicherung der Besitztümer durfte zwischen dem Wald und den Gebäuden ein Gürtel nicht bebaut werden, damit man einen herannahenden Feind rechtzeitig ausmachen konnte. So ist es bis heute möglich, beispielsweise die Mauern des ehemaligen Klosters St. Michael auf dem Bamberger Michaelsberg über das Ottobrunnen-Tal zu erreichen, ohne die Natur zu verlassen.

Eine besondere kulturelle Würze erhält das Tal durch die Pflanzenwelt, die wiederum auf den Gartenbau der Benediktiner von St. Michael (gegründet 1015) zurückgeht. Dazu gehören zum Beispiel die Disteln zum Aufrauen der Stoffe beim Färben. Um 1615 schuf ein Maler sogar einen vielfältigen „Himmelsgarten" in der Klosterkirche St. Michael, indem er die ganze Decke des Langhauses mit 578 Pflanzenarten bemalte.

Der mittelalterliche Kirchenbau wurde 1610 durch einen Brand weitgehend zerstört und anschließend neu errichtet. Die Fassade schuf Johann Leonhard Dientzenhofer 1700; bereits 1696/97 waren nach seinen Plänen die Konvent- und Abteigebäude entstanden. Die sich zur Stadt anschließenden Hanggärten vollendete der 1799 verstorbene Abt Gallus Brockard.

1803 wurde das Kloster im Rahmen der Säkularisation aufgehoben und in eine Bürgerspitalstiftung umgewandelt.

Das Innere von St. Michael ist mit wertvoller sakraler Kunst reich ausgestattet. Erwähnt werden müssen zumindest die Kanzel von Georg Reuß (1751), das Chorgestühl (1725/30), die fürstbischöflichen Grabmäler, die aus dem Dom (nach dessen Purifizierung, das heißt Ausräumung alles Barocken) hierher gebracht wurden, und die Heilig-Grab-Anlage, die sich hinter einer Tür im südlichen (rechten) Querhaus befindet: Die faszinierend feinen Stuckbilder (um 1730) trösten uns über die in vielen Varianten vorgeführte Tatsache hinweg, dass uns der Tod immer wieder einholt, welchem Stand, Alter oder Geschlecht wir auch angehören mögen. Um uns Leben und Gesundheit möglichst lange zu bewahren, kriechen wir durch das Hochgrab des heiligen Otto, das unter dem Chor mit einer beidseitigen Öffnung direkt dazu verführt. Allgemein glaubt man, dass die Nähe zu Ottos Reliquien Krankheiten, insbesondere Rückenleiden, heilen kann.

Da die Bierkultur mit der Karpfenkultur bekanntlich Hand in Hand geht, interessiert uns das Brauereimuseum in den Wirtschaftsgebäuden vor der Klosterkirche. In Staunen versetzen uns die Gewölbekeller, in denen früher die Klosterbrauerei untergebracht war. Inzwischen wird die Michelsberger Brautradition von einer Bamberger Privatbrauerei fortgeführt.

Mit St. Michael haben wir die Landschaft noch nicht richtig verlassen – und wir bleiben außerhalb der Häuserschluchten. Wenige Meter bergan, vom Tordurchgang von St. Michael aus, hat die ehemals zum Kloster gehörende Probstei St. Getreu (1123) ihren Standort. Die Kirche (Langhaus 1652, Chor 1733), die heute zu einer Nervenklinik gehört, prunkt mit einer üppigen Ausstattung des 18. Jahrhunderts im außergewöhnlich hellen Innenraum. In einer nördlichen Seitenkapelle steht man unvermittelt einer Gruppe spätmittelalterlicher, lebensgroßer Sandsteinfiguren gegenüber, die das Grab Christi umrahmen. Hier war der Endpunkt des von Heinrich Marschalk von Rauheneck 1500 gestifteten Kreuzwegs, der mit Steinreliefs vor der Kirche St. Elisabeth (an der Regnitz) beginnt.

Wenige Meter oberhalb von St. Getreu steht auf einem Hügelchen weithin sichtbar die klassizistische Villa Remeis (1811), die neben einem Café mit die besten Panoramen bietet. Der Erbauer Dr. Carl Remeis richtete am Oberen Stephansberg auch eine Sternwarte ein, in deren Umgebung die schönsten Bamberger Bierkeller angelegt wurden.

Am auffälligsten erscheint beim Blick über Bamberg der viertürmige Dom, den der spätere Kaiser Heinrich II. innerhalb der Mauern der Babenburg um 1002 beginnen ließ. Im Jahr 1007 machte er diese Kirche zum Zentrum eines Bistums, das im ganzen Reich mit vielen abhängigen Besitztümern ausgestattet wurde. Der heutige Bau entstand um 1200 nach einem Brand des ursprünglichen Heinrichsdoms und birgt solch berühmte Kunstschätze wie den Bamberger Reiter (um 1235) oder das Grab Heinrichs und seiner Gemahlin Kunigunde (1499–1513) von Tilman Riemenschneider. Die Schädel des heiligen Kaiserpaares werden in einer eigenen Kapelle am Ende des nördlichen Seitenschiffes aufbewahrt. Der Dom er-

Die Fischerei Kropf in Klein-Venedig, Bamberg

Das romantische Wasserschloss Concordia, Bamberg

hebt sich aus einem Kranz von Domherrenhöfen, deren Rand zum Regnitztal die Grenze der ursprünglichen Burg markiert.

Auf dem höchsten Berg von Bamberg thront die Altenburg. Diese romantische Burg, erstmals Mitte des 12. Jahrhunderts erwähnt, besuchte auch E. T. A. Hoffmann in seiner Bamberger Zeit (1808–1813) gern. Die nach ihm benannte Klause sitzt auf dem zur Stadt blickenden Teil der Burgmauer. Die meisten Gebäude der Burg stammen aus der Zeit um 1900. Nur die Kapelle im Tordurchgang aus der Zeit des Fürstbischofs Anton von Rotenhan ist original gotisch (Mitte 15. Jahrhundert). Der weithin sichtbare Bergfried wurde um 1400 errichtet.

Noch vieles gäbe es in Bamberg zu besichtigen, das die UNESCO zum Weltkulturerbe erklärt hat. Wir streifen die Stadt auf unserer fränkischen Karpfentour jedoch nur, um das Gesamtgebiet mit dem Zentrum im Aischtal im Norden abzurunden. Wir verlassen Bamberg entlang der Regnitz passend für unsere Karpfentour: auf dem Aischtal-Radweg. Er beginnt am Main-Donau-Kanal im Süden, in der Nähe des Hain-Parks. Mit diesem Park, den E. T. A. Hoffmann wiederum gern durchwandert hat, nutzen wir erneut eine Naturanbindung an die Landschaft.

An der Regnitz bzw. am Kanal entlang gelangen wir mit dem Fahrrad oder mit dem Pkw über das Dorf Bug, längst ein Bamberger Stadtteil, nach **Pettstadt.** Die eigenständige Gemeinde hat sich an den Mündungen von Aurach und Rauher Ebrach in die Regnitz mit ihren Neubaugebieten mehr als 1 km beidseitig der Bahnlinie ausgebreitet. Aus dem Zentrum des Ortes blickt die Kirche mit ihrer Barockfassade heraus. Obwohl sie wie eine typische heiter-barocke, katholische Landpfarrkirche (1754–1756) wirkt, enthält sie beträchtliche Anteile älterer Baumassen: Das heutige Querschiff war das Langhaus des gotischen Vorgängerbaus (14. Jahrhundert) und der Turm gehörte ebenfalls bereits zur ursprünglichen Kirche. Kein Geringerer als Johann Michael Küchel war der Architekt, der im 18. Jahrhundert die Pläne anfertigte. Das Innere steht mit Namen bedeutender Bamberger Künstler nicht zurück: Bernhard Kamm schuf die Schnitzarbeiten am

Hochaltar und die plastischen Teile an den Seitenaltären, Marquard Treu malte das Hochaltarblatt, Franz Xaver Günther die Blätter der Seitenaltäre. Die Kanzel ist eine Arbeit von Veit Grauppensberger aus dem Jahr 1760 – eine lebendige Vollendung der insgesamt prächtigen Ausstattung.

Der Aischtal-Radweg verläuft von Pettstadt aus jenseits der Regnitz am Main-Donau-Kanal. Er trägt hier schon diesen Namen, obwohl er erst bei Seußling die Aisch erreicht. Wir werfen einen Blick ins Aurachtal, das wir bei Stegaurach in Richtung Bamberg verlassen haben. Zwischen Stegaurach und Pettstadt liegen unter anderem die Dörfer Waizendorf und Höfen. In **Höfen** gibt es mehrere Plätze, die zum Verweilen einladen. Wir nehmen die erste Abzweigung vor dem Ortseingang nach links (wenn man von Waizendorf kommt) und überqueren die Aurach, die sich hier in zwei Arme teilt. Sie umschließen ein weitläufiges Wiesengelände, auf dem man dem Bachlauf auf beiden Seiten über einen Pfad durch malerische Alleen folgen kann. Am Ende der Insel erfreuen uns ein freundliches Mühlenanwesen und vor allem das Boveri-Schlösschen. Wie ein impressionistisches Gemälde präsentiert sich im Frühling dieser Traum von einem Landschlösschen, das einstmals der bekannten Familie Boveri gehörte. Margret Boveri (1900–1975) war Journalistin und Schriftstellerin („Der Verrat im 20. Jahrhundert", drei Bände 1956/57), ihr Vater Theodor (1862–1915) war Zoologe und Begründer der Chromosomentheorie der Vererbung, ihr Onkel Walter (1865–1924) baute mit seinem Kompagnon Charles Brown (1863–1924) das Elektro- und Maschinenbauunternehmen BBC auf. 1968 verkaufte Margret Boveri ihr Schlösschen in Höfen.

Wir folgen der Rauhen Ebrach nach **Reundorf.** Die 1614 von Jakob und Giovanni Bonalino erbaute Pfarrkirche St. Otto verfügt über einen Chor mit einem nachgotischen Netzgewölbe. In **Frensdorf,** dem nächsten Ort an der Rauhen Ebrach, hat man sich auf die Bewahrung eines landwirtschaftlichen Anwesens konzentriert: Im Fischerhof ist seit Ende der 1990er-Jahre ein bedeutsames Bauernmuseum untergebracht (nahe der Straße Richtung Bamberg). Unter wissenschaftlicher Betreuung ist es gelungen, den Besu-

Der zum Bauernmuseum umfunktionierte Fischerhof wird im Winter mit einer neuartigen, das Denkmal bewahrenden ökologischen Hackschnitzel-Heizung klimatisiert.

Der urige Backofen des Fischerhofs wird heute noch benutzt.

chern einen Einblick in das bäuerliche Leben der 20er-Jahre des 19. Jahrhunderts zu gewähren. Im Schlafraum des Bauernhauses erstaunt das schmale Bett, in dem der Bauer und seine Frau die Nächte verbrachten.

In **Herrnsdorf,** wenige Kilometer westlich von Frensdorf, ist die spätmittelalterliche Chorturmkirche erhalten und die ursprüngliche Befestigung ist rundherum nachvollziehbar. Eine Muttergottes im Innern wurde Ende des 15. Jahrhunderts gefertigt. Unterhalb der Kirche sitzt man im Brauerei-Gasthof, der die Kultur einer Bauernstube widerspiegelt.

Flussaufwärts im Tal der Reichen Ebrach wollen wir nun das bekannte Schloss Weißenstein in Pommersfelden besichtigen. Die Staatsstraße dorthin führt durch **Sambach,** das man als Auftakt dazu bezeichnen kann; hat doch niemand anderes als Johann Dientzenhofer die Pläne für das 1709 errichtete Schloss geliefert. 1773 wurde es mit allen Gütern der „Verwaltung Sambach der Universität" Bamberg (laut Peter Schneider) zum Unterhalt der Professoren übergeben. An der Struktur der gesamten Anlage erkennt man, dass es sich um ein früheres Wasserschloss handelt. Im spätgotischen Chor der Sambacher Pfarrkirche bewundern wir einen Hochaltar mit dem von Leonhard Gollwitzer geschaffenen Figurenschmuck (Mitte 18. Jahrhundert).

Schloss Weißenstein zu **Pommersfelden** sprengt den Rahmen kleinerer Schlossbauten in jeder Hinsicht. Ursprünglich wollte der Bamberger Fürstbischof Lothar Franz von Schönborn nur das ehemalige Truchsess'sche Wasserschloss im Dorf erweitern. Das hätte zum Maßstab der Landschaft gepasst, was man anhand des verbliebenen, stimmungsvollen Ruinen-Biotops einschätzen kann. 1711 wurde jedoch der Grundstein für einen wesentlich umfassenderen Bau gelegt, der ebenfalls Johann Dientzenhofers Ausführung oblag, natürlich unter der Regie des Bauherrn.

Schloss Pommersfelden wurde in den folgenden Jahren zu einem der berühmten Symbole der Kulturgeschichte, nicht nur Frankens: Die Idee, das Treppenhaus zu einer eigenständigen großen Halle aufzuwerten, sollte Maßstäbe setzen. Die Zahl der an der Ausstattung beteiligten Künstler

Luftbild von Schloss Weißenstein zu Pommersfelden

sucht weithin ihresgleichen; die außergewöhnliche Pflege verschiedener Sammlungen (Bibliothek, Gemälde von Bruegel, Dürer, Rubens, van Dyck) übertrifft die meisten Schlösser Süddeutschlands. Selbst Carl Spitzweg kam 1848 und 1849 von München herauf, um hier die Malkunst zu studieren. Der Park schließlich wurde 1812 für einen vielbeachteten romantischen Dichter zum „Schicksalsgarten": Bei einer Landpartie am 5. September 1812 verkrachte sich E. T. A. Hoffmann mit der Familie seiner geliebten Bamberger Klavierschülerin Julia Mark. Die Mutter verbot ihm das Haus – mit seinen dichterischen Werken hat er Julia jedoch in verschiedenen Frauengestalten verewigt.

Man könnte meinen, Lothar Franz von Schönborn habe zu Beginn des 18. Jahrhunderts in Pommersfelden das Nahen des romantischen Zeitalters geahnt. Der Gartensaal etwa, als Muschelgrotte mit einer Karpfendarstellung gestaltet, könnte mit so manchen Formen und Fratzen in die Erzählungen Hoffmanns Eingang gefunden haben. Ein direkter kunstgeschichtlicher Zusammenhang zwischen Pommersfelden und Hoffmann ergibt sich aus dem Spiegelkabinett im Schloss, das sechs Figuren à la Callot enthält: 1814 nennt E. T. A. Hoffmann einen ersten Band seiner Erzählungen „Fantasiestücke in Callots Manier. Blätter aus dem Tagebuche eines reisenden Enthusiasten". Der Stecher und Radierer Jacques Callot (1592–1635) stammte aus Nancy und arbeitete ab 1609 bis nach 1621 in Rom und Florenz. In der Toskana entstanden seine grotesken, fantasievollen Bilder aus dem Volks- und Hofleben, die ihn berühmt machten.

Nördlich von Pommersfelden liegt **Steppach,** das man erreicht, nachdem man die Reiche Ebrach und die alten Bahngleise überquert hat. Dort wollen wir den Friedhof besuchen (am Ortsrand, rechts der Straße nach Stolzenroth), der den modern gestalteten Grabstein eines anderen „reisenden Enthusiasten" birgt, des Engländers Joseph Brearley. Er verstarb 1977 in Höchstadt, wo er am Gymnasium nach seiner Pensionierung in London Englisch unterrichtet hatte. In seiner Londoner Zeit war er der Lieblingslehrer des Theaterautors Harold Pinter (* 1930). Brearley liebte die Gegenden um Ebrach und Aisch, die er oft durchwanderte und wo er viele Freunde fand. „And say my glory was/I had such friends" (W. B. Yeats) steht dementsprechend auf seinem Grabstein geschrieben.

In den Wiesen südlich von Steppach und Stolzenroth gab es einst zwei weitere Schlösser bzw. Herrensitze, von denen jedoch nichts erhalten ist. Nur die Luftbildarchäologie offenbart deren genaue Lage in der Nähe der mäandrierenden Ebrach, etwa an der Stelle, an der die Stromleitungen mit schwarzen Strichen den Himmel markieren.

Nahe Pommersfelden liegt außerdem der Ort **Limbach,** nicht zu verwechseln mit Maria Limbach im Maintal. Die Filialkirche in Limbach ist romanischen Ursprungs (um 1200) und bewahrt einen spätgotischen Flügelaltar mit Gemälden von Hans von Kulmbach (um 1480–1522).

Von Herrnsdorf aus haben wir die Reiche Ebrach flussaufwärts (nach Westen) ergründet. Wenn wir nun nach Osten weiterreisen, dann ist unser erster Halt der Klosterort **Schlüsselau.** Von Ferne ragen – wie bei einer englischen Landkirche – nur Turm und Langhaus der einstigen Klosterkirche aus dem Wiesengrund empor. 1260 hatte hier Eberhard II. von Schlüsselberg ein Zisterzienserinnenkloster gestiftet. Die Grabplatte des Erbauers der Kirche, Gottfried von Schlüsselberg († 1308) liegt auf einer leeren Tumba im Chor. Auf dem linken Seitenaltar steht eine ansprechende Vespergruppe (1420) aus gebranntem Ton. Der Außenbau geht auf den Beginn des 17. Jahrhunderts zurück. Der klassische Dorfplatz ist noch von den alten Strukturen geprägt: Kirche, Gebsattelbau (1603, unter Fürstbischof Johann Philipp von Gebsattel), Gasthaus, Sägewerk, Schule und Brunnen.

Gasthaus in Schlüsselau, mit Brunnen auf dem Dorfplatz

Jungenhofen liegt malerisch in einer Waldlichtung an einem Weiher.

Eine schmale Straße führt uns im Süden zunächst über einen Hügel und dann an der B 505 nach **Jungenhofen.** Das Dorf wird bereits in einer Urkunde aus dem Jahr 1109 erwähnt. Es gewährt nicht nur bei der Betrachtung der Landschaft, sondern auch im Gespräch mit den Einheimischen Zugang zum ursprünglichen Charakter dieser Gegend, bewohnt von Landwirten, Waldbesitzern und Karpfenzüchtern. Jungenhofen ist bereits ein Ortsteil von Höchstadt. Der bekannte Gasthof Dürreck in Jungenhofen musste in den letzten Jahren erweitert werden, weil er nicht nur von den Dorfbewohnern, sondern auch von auswärtigen Gästen geschätzt wird.

Die Reiche Ebrach mündet bei Hirschaid/Sassanfahrt in die Regnitz. Südlich davon liegt **Seußling** mit der Pfarrkirche St. Sigismund, die zu den von Karl dem Großen gegründeten „Slawenkirchen" gehört. Man sollte es nicht versäumen, die Kirche zu besuchen. Der Turm stammt aus der Zeit zwischen 1354 und 1470, Langhaus, Chor und Krypta wurden um 1470 errichtet, erheben sich aber über älteren Fundamenten. Der prächtige Pfarrhof (1623) wird Giovanni Bonalino zugeschrieben.

Wir wenden uns nun der südlich von Seußling in die Regnitz mündenden Aisch zu, wohin auch der Aischtal-Radweg abbiegt, und fahren südwestlich über Trailsdorf nach **Hallerndorf.** Die neugotische Pfarrkirche St. Sebastian (1878/81) hat einen original gotischen Chor (1476). Ein Kreuzweg bringt uns auf den Kreuzberg nördlich der Aisch, zu den Bierkellern und zur Wallfahrtskirche zum Heiligen Kreuz (1453) mit Bildhauerarbeiten an den Seitenaltären, die von Leonhard Gollwitzer stammen.

Wenn man den Kreuzberg auf der südwestlichen Seite hinuntergeht, gelangt man nach **Stiebarlimbach.** 1454 spricht eine Urkunde von einem „Fritz Stiebar zu Limpach". Am „Limpach" dominieren Bauernhöfe und Karpfenteiche, deren Kultur die gesamte Wald- und Wiesenlandschaft zwischen Aisch und Reicher Ebrach prägt, die einen ganz eigenen Reiz ausübt.

In diesem Bereich fällt auch das benachbarte **Willersdorf.** Ein Ort, dessen Pfarrkirche auf das Spätmittelalter zurückgeht (Turmuntergeschosse von 1457), darf auch drei Wirtshäuser haben. Zudem lässt sich von Willersdorf und von Jungenhofen aus (über Zentbechhofen) eine besondere Wald-Weiher-Landschaft erschließen. Die Seenkette mit Haarweiher, Hofsee und Steiner See beginnt bei Haid (südlich von Willersdorf) und zieht sich nach Westen in den Wald hinein, Grethelmark genannt.

Praktische Hinweise

Gasthäuser mit Karpfenangebot (Auswahl)
– Brauerei-Gaststätte Rittmayer, Aischer Hauptstraße 5, 91325 Adelsdorf-Aisch, Tel. (0 91 95) 72 22.
– Gasthaus Englischer Garten („Zum Bockser"), Schweinfurter Straße 1, 96049 Bamberg, Tel. (09 51) 6 14 70.
– Brauerei und Gasthof „Schwan", Hauptstraße 16, 96138 Burgebrach, Tel. (0 95 46) 3 06.

– Landgasthof Pickel, Marktplatz 5, 96158 Frensdorf, Tel. (0 95 02) 3 34.
– Brauereigaststätte Barnickel, 96158 Herrnsdorf, Tel. (0 95 02) 92 32 12.
– Gasthaus Fischer, Rothensander Hauptstraße 9, 96114 Hirschaid,
  Tel. (0 95 43) 94 71.
– Gasthaus Dürrbeck, Jungenhofen 6, 91315 Höchstadt an der Aisch,
  Tel. (0 95 02) 3 07
– Gasthaus Volland, Limbach 63, 96178 Limbach, Tel. (0 95 48) 2 81.
– Gasthaus „Zur Linde", Brückenstraße 5, 96135 Mühlendorf, Tel. (09 51)
  2 92 47.
– Brauerei-Gasthof „Zur Alten Mühle", 96135 Mühlendorf, Tel. (09 51)
  2 91 19.
– Schlossgasthof-Hotel, Untere Hauptstraße 2, 96132 Reichmannsdorf,
  Tel. (0 95 46) 92 14 14.
– Gasthof Wieseth, Sambach 2, 96178 Pommersfelden, Tel. (0 95 02)
  3 02.
– Gasthaus Bittel, Schlüsselau 15, 96158 Frensdorf, Tel. (0 95 02) 13 39.
– Brauerei Scheubel (Karpfen auf Vorbestellung), Kirchplatz 12,
  96132 Schlüsselfeld, Tel. (0 95 52) 3 20.
– Hotel-Gasthof „Der Krug", Mühlendorfer Straße 4, 96135 Stegaurach,
  Tel. (09 51) 99 49 90.
– Sporthotel Windfelder, Hartlandener Straße 13, 96135 Stegaurach,
  Tel. (09 51) 99 22 70.
– Gaststätte Hopf, Stolzenroth Nr. 20, 96178 Pommersfelden, Tel. (0 95 48)
  2 86.
– Gasthof „Weißes Lamm", Bamberger Straße 16, 96194 Walsdorf,
  Tel. (0 95 49) 2 63.
– Gasthof Weichlein, Weingartsgreuth 20, 96193 Wachenroth, Tel. (0 95 48)
  3 49.
– Gasthaus zum grünen Baum, 91352 Willersdorf, Tel. (0 91 95) 77 24.
– Landgasthof Hotel Brauerei Rittmayer, 91352 Willersdorf, Tel. (0 91 95)
  9 47 30.

Informationen
- Tourismus & Kongress Service, Geyerswörthstraße 3, 96047 Bamberg, Tel. (09 51) 87 11 61.
- Fremdenverkehrsamt, Postfach 37, 96136 Burgebrach, Tel. (0 95 46) 9 41 60.
- Gemeinde Rauhenebrach, Hauptstraße 1, 96181 Rauhenebrach/Untersteinbach, Tel. (0 95 54) 9 22 10.
- Verkehrsamt Schlüsselfeld, Marktplatz 5, 96132 Schlüsselfeld, Tel. (0 95 52) 9 22 20.
- Gemeinde Stegaurach, Schloßplatz 1, 96135 Stegaurach, Tel. (09 51) 99 22 20.
- Verwaltungsgemeinschaft Lisberg, Am Schloß 6, 96170 Lisberg-Trabelsdorf, Tel. (0 95 49) 10 25.

Öffnungszeiten
- Bamberg: Fränkisches Brauereimuseum, Michaelsberg 10f, Bamberg, Tel. (09 51) 5 30 16: Apr.–Okt., Do.–So. 13–16 Uhr.
- Bamberg: Historisches Museum in der Alten Hofhaltung, Domplatz 7, Bamberg, Tel. (09 51) 87 11 42: Mai–Okt., Di.–So. 9–17 Uhr.
- Frensdorf: Bauernmuseum, Hauptstraße 5, Frensdorf, Tel. (0 95 02) 83 08: Apr.–Okt., Di.–Fr. 14–17 Uhr, Sonn- und Feiertage 13–17 Uhr. Führungen für Gruppen nach Vereinbarung.
- Pommersfelden: Graf von Schönbornsche Kunstsammlungen, Schloss Weißenstein, Pommersfelden, Tel. (0 95 48) 9 81 80: Führungen Apr.–Okt., tägl. 10–16 Uhr, immer zur vollen Stunde.
- Schlüsselfeld: Stadtmuseum, Tel. (0 95 52) 9 22 20: Ostern–Nov., So. 10–16 Uhr.

Literatur

– Baumgärtel-Fleischmann, R. (Hg.): Fürstbischof Johann Philipp von Gebsattel und die Kirche in Schlüsselau, (Veröffentlichungen des Diözesanmuseums Bamberg Bd. 10), Bamberg 1997.

– Hantsch, H., und Fischer, H.: Schloss Weißenstein ob Pommersfelden der Grafen von Schönborn. Führer und Gemäldeverzeichnis, Bamberg o. J.

– Hoffmann, E. T. A.: Sämtliche Werke in sechs Bänden, Bd. 2/1, Frankfurt 1993 (Bibliothek deutscher Klassiker 98).

– Jensen, J. C.: Carl Spitzweg. Zwischen Resignation und Zeitkritik, 2. Auflage, Köln 1977.

– Kilian, Mönch aus Irland – aller Franken Patron 689–1989. Katalog der Sonder-Ausstellung zur 1300-Jahrfeier des Kiliansmartyriums, (hg. vom) Mainfränkisches Museum Würzburg, Haus der Bayerischen Geschichte, Bayerisches Landesamt für Denkmalpflege, Würzburg 1989.

– Klarmann, J. L., und Spiegel, K.: Sagen und Skizzen aus dem Steigerwald, Gerolzhofen 1912 (Reprint Franz Teutsch, Gerolzhofen 1983).

– Korth, T., und Limmer, I.: Franken: Die Region 4. Städte und Landkreise Bamberg, Coburg, Forchheim, Kronach, Lichtenfels, München 1991.

– Neundorfer, J.: Heimatbuch des Marktes Burgebrach, Burgebrach 1986.

– Neundorfer, J.: Vom Steigerwald zum Jura, Bamberg 1987.

– Sayn-Wittgenstein, Franz Prinz zu: Der Main. Von der Quelle bis zur Mündung, München 1973.

– Schnapp, F. (Hg.): E. T. A. Hoffmann, (Dichter über ihre Dichtungen Bd. 13), München 1974.

– Schneider, P.: Der Steigerwald in der Gesamtschau, Würzburg 1958.

Von Neuhaus bis Trautskirchen an der Zenn

Durch das Weihergebiet rund um Mohrhof

Kann es für eine Ausflugsroute durch fränkische Karpfenregionen einen besseren Einstieg geben als ein historisches Fischereihaus und einen Lehrpfad zum Thema Karpfenzucht, der durch ein Weihergebiet führt? Das bietet **Neuhaus,** südöstlich von Höchstadt an der Aisch und unweit dem Ende unserer zweiten Route bei Willersdorf. Das historische Fischereihaus (Mitte 18. Jahrhundert) ähnelt einer Dorfkirche, stünde es nicht an einem Fischweiher (am Ostrand des Ortes; Adelsdorfer Straße/Ecke Heppstädter Straße). Der Teichlehrpfad führt direkt am Crailsheim'schen Wasserschloss vorbei. In einen der Weiher wurde eine Aussichtsplattform gestellt, die einen ungestörten Blick auf das Wasserschloss mit der eigenartig geschwungenen Turmhaube erlaubt. Die Dreiflügelanlage aus dem 15.–17. Jahrhundert wurde von den Crailsheim bereits 1545 bezogen. Die evangelische Pfarrkirche des Ortes ist ein Bau des 15. (Chorturm) und 16.–18. Jahrhunderts (Langhaus).

Von Neuhaus gelangen wir in ein ausgesprochenes Weihergebiet: nach Mohrhof. Hier wirken die Fischteiche wie kleine Seen und sie sind ganz von Schilf umschlossen. Dörfer wie Buch, Krausenbechhofen, Poppenwind, Biengarten, Hesselberg oder Kairlindach liegen nahe beieinander.

Buch (östlich von Neuhaus) wird erstmals 1217 urkundlich genannt. Wahrscheinlich gehörte der Ort – wie das benachbarte Gremsdorf – zum Besitz des Bamberger Benediktinerklosters St. Michael. Eine Burg in der Dorfmitte dürfte bereits im 16. Jahrhundert zerstört worden sein. An ihrer Stelle erhebt sich heute ein Walmdachhaus (1860/70; Nr. 31), links neben einer Marienkapelle (um 1860; an der Straße nach Neuhaus). Einige Steine, aus denen die Burg gemauert war, sind noch vorhanden, hat man aus ihnen doch eine Schafscheune (17. Jahrhundert) erbaut. Sie steht links der Straße Richtung Klebheim auf einer Anhöhe am Ortsausgang.

Das Naturschutzgebiet um Mohrhof besteht seit 1982 und ist ein Refugium für bedrohte Pflanzen- und Vogelarten.

Der Name **Krausenbechhofen** hat etwas mit der Pechproduktion in Pechöfen zu tun. Pech wurde aus dem Harz der Bäume gewonnen und bei der Herstellung von Fässern oder als Wagenschmiere verwendet. Bäume muss es hier im Mittelalter wohl zur Genüge gegeben haben, denn darauf weist der Ortsname Buch hin, der einen Buchenwald benennt. Auch Krausenbechhofen war im Besitz des Klosters St. Michael. **Poppenwind** geht auf einen mittelalterlichen Gründer bzw. Herrscher namens Poppo zurück. **Biengarten** hingegen ist als Ansiedlung vermutlich aus einer Imkerei hervorgegangen und wird 1303 als Würzburger Lehen erwähnt. Die Kapelle in **Hesselberg** ist der heiligen Ottilia geweiht und wurde 1877 von den Einwohnern selbst errichtet. Nur wenige Häuser weiter werden im Landgasthof „Jägersruh" Karpfen serviert.

Die Weiherlandschaft um **Mohrhof** ist ein Naturschutzgebiet, das Zugvögel als Rastplatz nutzen. Nicht nur die Teich- und Landwirtschaft muss sich an bestimmte Auflagen halten, sondern auch der Besucher. Zur Brutzeit ist das Betreten des Gebietes nicht erlaubt.

Am südlichsten liegt **Kairlindach.** Schon ein wenig romantisch erscheint einem der Teich, an dessen Ufer sich die evangelische Pfarrkirche des Ortes wie auf einer Insel erhebt. Die Vorsilbe „Kair" bedeutet vielleicht „Kirche", womit man bei der Ausprägung der differenzierten Ortsnamen im späteren Mittelalter dieses Lindach mit seiner Kirche von anderen Lindachs unterscheiden konnte.

Die Kirche unter dem Patrozinium des heiligen Kilian weist auf den Einfluss des Bistums Würzburg hin, denn der irische Mönch Kilian wurde und wird dort als christlicher Missionar und Bistumsheiliger verehrt. Im

Das Langhaus der evangelischen Pfarrkirche in Kairlindach wurde 1913 neu gebaut, Chor und Turm sind jedoch original gotisch.

Jahr 1528 brachte die markgräfliche Regierung die Reformation nach Kairlindach und etwa von 1680 bis 1901 hatte sich hier eine jüdische Gemeinschaft niedergelassen.

Der Karpfen-Radweg verläuft, von Höchstadt an der Aisch kommend, über Neuhaus, Buch, Poppenwind, Mohrhof, Hesselberg und Röttenbach. Wir halten uns – ein wenig abseits davon – ab Kairlindach östlich und fahren zunächst auf einer Nebenstraße über **Neuenbürg** mit seinem eher unzugänglich erscheinenden Schloss (Vierflügelanlage aus dem 17. Jahrhundert) und Hannberg bis Dechsendorf. Dort treffen wir wieder auf den Radweg.

Nicht versäumen sollte man es, der weithin sichtbaren und sehr gut erhaltenen Kirchenburg in **Hannberg** (zwischen Kairlindach und Dechsendorf) einen Besuch abzustatten. Die Befestigung ist eine Anlage aus dem späten 15. Jahrhundert; die im Ursprung gotische Chorturmkirche mit dem Doppelpatrizinium Mariä Geburt und St. Katharina stammt aus der Zeit um 1500. Im Jahr 1721 hat man den Kirchturm, dem in luftiger Höhe vier kleine Wachtürme angefügt sind, und das Langhaus barockisiert. Das Pfarrhaus im Kirchenburgbereich wurde bereits 1711 erbaut. Sehenswert ist auch das gotische Beinhaus.

Hannberg wird als „Hagenenberc", was so viel wie „umfriedeter Berg" bedeutet, schon im 11. Jahrhundert urkundlich erwähnt. Ab der Mitte des 14. Jahrhunderts hatte das Bamberger Domkapitel den Ort zum größten Teil in Besitz genommen. Friedrich Dürbeck, ein Pfarrer aus Hannberg, wurde während des Dreißigjährigen Kriegs von plündernden Soldaten entführt, die 130 Taler Lösegeld forderten. Er soll der Welt noch immer gram sein und als „grauer Mönch" in den Gemäuern spuken. Ob jemand nicht zahlen wollte?

Die katholische Pfarrkirche St. Mauritius in **Röttenbach** war ursprünglich eine mittelalterliche Chorturmanlage, von der noch der Turm erhalten ist. Das Langhaus wurde Mitte des 19. Jahrhunderts neu erbaut. Ganz zentral liegt in dem mit Röttenbach zusammengewachsenen Nachbarort **Hem-**

hofen das 1715 errichtete und mit einer Ummauerung versehene Barockschloss. Dorf und Vorgängerbau wurden im Dreißigjährigen Krieg zerstört.

Dechsendorf ist vor allem für seinen Großen Bischofsweiher bekannt, der Teil einer Weiherkette ist und für so manche Freizeitaktivität genutzt wird. Früher diente der Weiher der Karpfenzucht. Der östlich gelegene Ort **Möhrendorf,** eingebettet zwischen dem Main-Donau-Kanal und der Regnitz, hat ebenfalls etwas mit Wasser zu tun. Von Mitte Mai bis Mitte September sind hier Wasserschöpfräder zu sehen, die daran erinnern, dass Wiesen und Felder in früheren Zeiten über Grabensysteme mit dem Wasser der Regnitz bewässert wurden.

Möhrendorf gilt wie der Gemeindeteil **Kleinseebach** als eine der ältesten Ansiedlungen der Gegend. Beide gehörten als Güter zum Königshof Forchheim. König Heinrich II. schenkte den Königshof und seine Güter am 1. November 1007 dem von ihm gestifteten Bistum Bamberg.

Der Ortsname Möhrendorf lässt sich vermutlich von dem Personennamen Merdin ableiten, dem Gründer der Ansiedlung. Möhrendorfs evangelische Pfarrkirche weist noch einen mittelalterlichen Chorturm auf. Das
Langhaus entstand im 16./17. Jahrhundert. Die Reformation kam 1528
nach Möhrendorf, auf Betreiben der Besitzer des benachbarten Rittergutes
Oberndorf, der Nürnberger Familie Schüstab. Der Weiler Oberndorf ist,
aus denkmalpflegerischer Sicht, als Ensemble erhalten.

Die Hauptroute des Fränkischen Karpfen-Radwegs – beginnend mit
Dinkelsbühl – endet in Erlangen. Es empfiehlt sich daher, ihr von Dechsendorf aus über Kosbach nach Erlangen zu folgen. Wir nehmen jedoch im
weiteren Routenverlauf von Kairlindach aus einen anderen Weg und be-
trachten die oben beschriebene Strecke über Hannberg, Dechsendorf oder
Möhrendorf eher als Abstecher, wenn auch ob der guten Karpfenlokale als
durchaus lohnenswerten. Und es soll nicht vergessen werden, noch auf eine
archäologische Besonderheit und auf weitere empfehlenswerte Gasthäuser
hinzuweisen.

An der Straße von Dechsendorf nach **Kosbach** führt nach etwa 1,5 km
und etwa 600 m vor dem Waldende bei Kosbach rechts ein Weg in den
Wald (Parkplatz links der Straße), der zugleich als Karpfen-Radweg gekennzeichnet ist. Er bringt uns nach kurzer Strecke zu einem Grabhügel
und zum „Kosbacher Altar", der sich seitlich eines runden Grabhügels befindet, der wiederum Teil eines ausgedehnten Gräberfeldes mit insgesamt
neun Hügelgräbern ist.

Das um 1000 v. Chr. geschaffene Gräberfeld stammt aus der Urnenfelderzeit, also der jüngeren Bronzezeit, die von etwa 1200 bis 700 v. Chr. dauerte.
Benannt wurde die Urnenfelderzeit nach der vor 3 000 Jahren üblichen
Bestattungsform. In der ersten Phase der keltischen Besiedlung Frankens
zwischen 1000 und 350 v. Chr., als es größere keltische Siedlungsplätze
zum Beispiel auf der Ehrenbürg bei Forchheim oder der Houbirg bei Hap-
purg östlich von Nürnberg gegeben hat, wurde das Kosbacher Gräberfeld
weiterhin für Bestattungen genutzt.

Aus jener Zeit datiert der „Kosbacher Altar" (etwa 500 v. Chr.), ein flaches steinernes Viereck mit Sandsteinpfeilern, die bis zu 60 cm in die Höhe ragen. Die Anlage erfüllte bei Bestattungen vermutlich eine kultische Funktion. Sie könnte aber auch die Abdeckung eines Grabes oder eine Art Wegzeichen gewesen sein. Altar und Grabhügel wurden 1980 rekonstruiert.

In dieser Region ist es ein Leichtes, einen kulturgeschichtlichen Ausflug mit einem Karpfengericht zu krönen, denn man findet hier viele Gasthöfe, die mit der Karpfenzubereitung vertraut sind. In Röttenbach laden zum Beispiel die Fischküche Fuchs und der Gasthof Keiner ein, in Möhrendorf die Fischküchen Förster und Letsch, in Kleinseebach das Gasthaus „Schuh", in Oberndorf das Gasthaus Reck, in Dechsendorf das Gasthaus „Rangau" und in Kosbach „Die Fischerei". So manche Gaststätte verfügt sogar über eine eigene Fischzucht. Zudem könnte sich ein kulinarischer Ausflug bis Erlangen mit seinem Gasthof „König Humbert" oder bis zur „Walhalla" in Fürth erstrecken.

Der „Kosbacher Altar" wurde 1913 entdeckt.

Hans Georg von Lauter ließ im 17. Jahrhundert nicht nur das Schloss in Weisendorf neu erbauen, er sorgte auch für den Wiederaufbau der Antoniuskapelle auf dem Lauberberg bei Höchstadt an der Aisch.

Von Weisendorf im Seebachgrund bis nahe an den Aischgrund

Im uns bereits bekannten Ort Kairlindach schlagen wir die südwestliche Richtung ein und begeben uns nach **Weisendorf.** Dort fällt uns vor allem das Schloss im Zentrum auf. 1288 wird der Ort erstmals erwähnt. Ab 1424 befand sich Weisendorf 200 Jahre lang im Besitz der Familie von Seckendorff. Ihr Schloss wurde vom Nürnberger Hauptmann Reuß von Plauen niedergebrannt, der 1449 während des ersten Markgrafenkriegs in dieser Gegend wütete.

Ein späterer Besitzer (ab 1686), der Freiherr, Amtmann und Obrist Hans Georg von Lauter, gab den Auftrag für den Neubau des Schlosses, das 1698 in seiner heutigen Form als Vierflügelanlage vollendet war. Schloss Seehof bei Bamberg galt dem Erbauer als Vorbild.

Der letzte adelige Eigentümer des Weisendorfer Schlosses, Georg Ennoch Freiherr von und zu Guttenberg, schenkte das renovierungsbedürftige Gebäude im Jahr 1956 dem katholischen Säkularinstitut Notre Dame de Vie („Unsere Frau vom Leben"). Das Institut entstand 1932 im gleichnamigen südfranzösischen Wallfahrtsort bei Avignon. Gründer war der Karmelitenpater Marie-Eugen Grialou (1894–1967). Das Säkularinstitut ist deshalb eng mit der karmelitischen Spiritualität verbunden. Im Unterschied zu einem Orden jedoch gehen die Mitglieder in der Regel weltlichen Berufen nach und leben nur zum Teil in einer festen Gemeinschaft, obwohl alle die Ordensgelübde ablegen müssen: Armut, Ehelosigkeit und Gehorsam.

In Weisendorf lebt eine Frauengemeinschaft des Säkularinstituts. Die Wirtschaftsgebäude des Schlosses wurden nach den Gesichtspunkten des Denkmalschutzes zu einem Bildungszentrum und zu einer Stätte christlicher Begegnung umgebaut. Das Bildungshaus ist nach der Karmelitin Edith Stein benannt, die 1942 von den Nazis in Auschwitz ermordet wurde.

Die evangelischen Pfarrkirche Weisendorfs, eine im Barock veränderte Chorturmkirche des 15. Jahrhunderts, birgt im Innern Epitaphien der Familie von Seckendorff, unter der im Jahr 1539 die Reformation eingeführt wurde. Etwa ab 1685 gab es in Weisendorf eine jüdische Kultusgemeinde, die sich um 1904 auflöste, nachdem viele Mitglieder bereits in der ersten Hälfte des 19. Jahrhunderts weggezogen oder nach Amerika ausgewandert waren.

Karpfen isst man in den Gasthäusern Süß und Heller in Buch südlich von Weisendorf. Dort besaß das Hochstift Bamberg in früheren Jahrhunderten ebenso Güter wie einige Nürnberger Familien und das Benediktinerkloster Münchaurach. Empfehlenswert ist außerdem der Brauerei-Gasthof Geyer im südwestlich gelegenen **Oberreichenbach.** Die Geschichte eines Wirtshauses an dieser Stelle beginnt bereits im 16. Jahrhundert. Bei der evangelischen Pfarrkirche handelt es sich um eine barock umgestaltete gotische Chorturmkirche. Auch Oberreichenbach gehörte einst zum Kloster Münchaurach und zum Bistum Bamberg.

Am Ende des alten Dorfes (Richtung Brunn) zweigt rechts ein Weg nach **Tanzenhaid** ab; wenige Häuser noch, die mitten im Wald zu finden und von Fischteichen umgeben sind, in denen Karpfen gezüchtet werden. Das bereits im 12. Jahrhundert urkundlich fassbare Tanzenhaid ist heute ein Forsthof, bestehend aus einem Forsthaus (1802) und dem Hofhaus eines ehemaligen Herrensitzes (um 1725). Der Weiler war in früheren Jahrhunderten vermutlich um einiges größer und besaß ein Schlösschen, das im 19. Jahrhundert abgebrochen wurde; jedenfalls soll er im Mittelalter ein gern besuchter Rastplatz gewesen sein, weil sich hier alte Wege kreuzten. Geblieben ist ein kleines Idyll.

Viele Besitzer sind verzeichnet, darunter im 18. und 19. Jahrhundert die Grafen von Pückler-Limpurg. 1782/83 taucht auch Julius von Soden

In Tanzenhaid züchtet man bereits seit dem 13. Jahrhundert Karpfen. In den nachfolgenden Jahrhunderten wurden sie allerdings als begehrte und daher teure Speise meist nur an Herrschaften – darunter Amtmänner, Räte und Pfarrer – verkauft.

(1754–1831) in den Besitzurkunden auf, der 1802 das Bamberger Theater ins Leben rief. Angemerkt sei noch, dass ein 39 km langer Wanderweg zwischen Uehlfeld und Trautskirchen über Tanzenhaid führt.

Unsere Hauptroute jedoch führt uns weiter nach **Rezelsdorf,** westlich von Weisendorf. Kultur und Karpfen lassen sich hier ebenfalls herrlich kombinieren, denn gleich hinter der Kirche lädt der Landgasthof Lunz zum Einkehren ein. Die Karpfenzucht war für den 1303 in einem Würzburger Lehenbuch genannten, aber sicher älteren Ort nachweislich bereits im 15. und 16. Jahrhundert ein wichtiger Erwerbszweig.

Zwischen Buch, Oberreichenbach und Rezelsdorf trifft man auf mehrere Weiherketten. Von Weisendorf in Richtung Röttenbach ist gar von 1 600 Weihern die Rede. Eine Nebenstrecke des Karpfen-Radwegs verläuft direkt von Kosbach nach Rezelsdorf.

Sebald Rieter (1449–1488), Spross einer Nürnberger Patrizierfamilie, unternahm 1479/80 mit Hans Tucher aus dem gleichnamigen Kaufmannsgeschlecht eine Pilgerreise ins Heilige Land, worüber beide jeweils einen Reisebericht veröffentlichten. Pilgerreisen dieser Art waren für die Wohlhabenden der damaligen Zeit nicht so außergewöhnlich. Die Reisegesellschaft geriet auf der Rückfahrt vor der griechischen Insel Rhodos in einen Sturm, der das Schiff in Gefahr brachte und einige Reisende ein Gelübde ablegen ließ. Sebald Rieter wollte für seine Errettung Kapellen in der Heimat stiften – eine dieser Kapellen ist die Katharinenkirche in Rezelsdorf. Die Wahl des Ortes war kein Zufall, denn Gut Rezelsdorf gehörte wie Pretzdorf (bei Burghaslach) zum Familienbesitz. Dort wurde aus demselben Anlass der heiligen Katharina eine Kirche gestiftet. Die Rezelsdorfer Kirche wurde 1484 fertig gestellt und war Teil eines Herrensitzes, den man 1870 abgetragen hat. Sebald Rieter hat für seine Kirche auch den gotischen Flügelaltar gestiftet.

Die Mauritiuskirche im Nachbardorf **Kästel** dürfte in ihrem Kern bereits aus der Zeit um 1300 stammen, musste allerdings nach Beschädigungen im Dreißigjährigen Krieg wieder aufgebaut werden. Eine herausragende

Fresken im Chor der Mauritiuskirche in Kästel

Sehenswürdigkeit sind die spätgotischen Fresken (um 1420) im Chorraum der Kirche (Schlüssel im Haus Nr. 27). Neben den Evangelisten und der Anbetung der Heiligen Drei Könige ist auch die Mauritius-Legende abgebildet. Gemäß der Überlieferung weigerte sich der römische Offizier Mauritius, den kaiserlichen Befehl auszuführen, gegen Christen vorzugehen. Dies kostete ihn und der Thebäischen Legion um das Jahr 302 das Leben – eine Strafaktion Kaiser Maximians.

St. Mauritius in Kästel ist eine Chorturmkirche, die aufgrund ihrer erhöhten Lage in mittelalterlicher Zeit als Wehrkirche diente. Der Name des im Mittelalter gegründeten Ortes könnte von einem nahen Burgstall abgeleitet sein, also von dem Begriff „castrum". Als Besitzer trat hier lange Zeit unter anderem das Benediktinerkloster St. Michael in Bamberg in Erscheinung. Um das idyllisch gelegene Kästel zu erreichen, muss man auf halber Strecke zwischen Rezelsdorf und Birnbaum links abbiegen.

Mit **Birnbaum** (westlich von Rezelsdorf) kommen wir noch einmal ganz dicht an den Aischgrund (vgl. erste Route) heran, wobei wir wiederum den Karpfen-Radweg streifen, der oft abseits der Straßen verläuft. Der Name geht tatsächlich auf einen Birnbaum zurück, der in einer Urkunde aus dem 14. Jahrhundert erwähnt wird. Beim früheren Schloss handelt es sich überwiegend um eine mit Türmchen und Fachwerk versehene Anlage aus dem 16. Jahrhundert, die um 1750 neu gestaltet wurde.

Auch **Brunn** bei Emskirchen lohnt einen Besuch. Dorthin gelangen wir über die Ortsverbindungsstraße in südlicher Richtung oder über den in mehreren Schleifen durch die Landschaft geführten Karpfen-Radweg. In Brunn, das 1157 urkundlich genannt wird, finden wir zwei Schlösser, die allerdings beide nicht vollständig sind. Das Neue Schloss, ein von Graf Christian Karl von Pückler-Limpurg Mitte des 18. Jahrhunderts in Auftrag gegebenes Bauwerk, war ursprünglich größer geplant, wurde jedoch nicht vollendet. Finanzielle Gründe mögen dafür ausschlaggebend gewesen sein. Im 18. Jahrhundert war jahrzehntelang eine alchemistische Werkstatt im Schloss untergebracht, im 19. und 20. Jahrhundert die Schule und heute kann dort ein Rundfunkmuseum besichtigt werden. Der Besitz der von Pückler-Limpurg in Brunn stand auch in Beziehung zu ihrem Grundbesitz in Tanzenhaid.

Eine stark befestigte Wasserburg zu Bösenbrunn, so der zeitweilige Name der Burg und des Dorfes Brunn, haben Nürnberger Truppen im Jahr 1501 während kriegerischer Auseinandersetzungen mit dem Markgrafen Friedrich IV. von Brandenburg-Ansbach und Kulmbach erobert und zerstört. Danach wurde die Alte Burg nie wieder richtig aufgebaut und letztlich Stück für Stück abgetragen, sodass im Wesentlichen nur noch ein Rundturm in der Nähe des Neuen Schlosses erhalten ist.

Die evangelische Kirche ist ein 1724 vollendeter Neubau, der an der Stelle einer älteren Kirche steht. Die Epitaphien erinnern an die Familie

Das Neue Schloss in Brunn beherbergt heute ein Rundfunkmuseum.

von Heßberg, die zwischen dem 16. und dem 18. Jahrhundert Grundeigentümer in Brunn war.

Zum Schluss soll noch, um dem Namen Brunn gerecht zu werden, von einem Gesundbrunnen die Rede sein: Der Ort wäre beinahe ein Kurbad geworden, da das eisenhaltige Wasser einer Quelle am östlichen Ortsrand als Heilwasser beliebt war. Selbiges erkannten die Grafen von Pückler-Limpurg und zogen die Errichtung eines Hotels, eines Spielsalons, eines Kurhauses, eines Wassertempels und eines Parks in Erwägung. Man kam allerdings über den Bau eines Badehauses nie hinaus, dessen Steine von einer abgebrochenen Scheune in Tanzenhaid stammten und das 1910 abgerissen wurde. Später soll die Quelle alle 24 Stunden etwa um die Mittagszeit einen Strahl rotbraunen Wassers aus dem Boden gepresst haben, weshalb eine Trinkwasserentnahme dann nicht möglich war.

Von Emskirchen nach Trautskirchen

Der letzte Abschnitt unserer dritten Route weist vor allem auf der nahen Frankenhöhe keine solch ausgeprägten Weihergebiete auf, wie wir ihnen im ersten und zweiten Abschnitt begegnet sind. In Brunn verlassen wir den Karpfen-Radweg und fahren über **Wilhelmsdorf** – mit seiner hugenottischen Saalkirche von 1753, seinem Zirkelmuseum (Hugenottenplatz 8) und dem Gasthaus „Brennerei-Stuben" (Bergstraße 21; neben Karpfen auch selbst gebrannter Schnaps) – nach Emskirchen.

Wilhelmsdorf ist ein relativ junger Ort (Ende 17. Jahrhundert). Vor dem Dreißigjährigen Krieg stand hier das Dorf Unteralbach, das jedoch 1632 im Krieg vollkommen verwüstet wurde. Nach dem Dreißigjährigen Krieg wurden in der Markgrafschaft gern Hugenotten aufgenommen und angesiedelt, die man wegen ihres reformierten Glaubens in Frankreich verfolgte. Die Glaubensflüchtlinge kamen entweder über die Schweiz oder direkt aus Frankreich nach Deutschland. Man versprach sich von ihrem handwerklichen Geschick einen Beitrag zum Wiederaufbau des Landes. Eine ihrer neu gegründeten Niederlassungen ist Wilhelmsdorf.

Die erste Kirche im Bereich des heutigen **Emskirchen** war dem heiligen Kilian geweiht und wohl eine Urpfarrei, sodass man von einer Gründung im späten 8. Jahrhundert ausgehen kann, obwohl Emskirchen als „Embichiskirchen" (nach dem Personennamen Embicho) urkundlich erst im 12. Jahrhundert in Erscheinung tritt. Emskirchen ging 1361 durch Verkauf von der Familie von Seckendorff an die Hohenzollern über. Dadurch wurde der Ort in die kriegerischen Konflikte der Hohenzollern bzw. der nachfolgenden Markgrafen mit der Reichsstadt Nürnberg verwickelt. 1388 zerstörten die Nürnberger den Ort und an Pfingsten 1450 kam es zu einem furchtbaren Blutbad unter der Bevölkerung, für das ebenfalls Nürnberger Söldner verantwortlich waren.

Nach dem Dreißigjährigen Krieg siedelten sich auch in Emskirchen Hugenotten an. Die evangelische Friedhofskirche (Ansbacher Straße), 1866 um einen neugotischen Choranbau erweitert, war ursprünglich ein

1705/06 entstandener hugenottischer Betsaal. Die evangelische Pfarrkirche im Zentrum – ehemals St. Kilian – hat noch einen spätromanischen Chorturm mit einem 1648 aufgesetzten Obergeschoss. Der Bayreuther Hofbauinspektor Johann Gottlieb Riedel (1722–1791) schuf ab 1788 das Langhaus. Am östlichen Rand der Marktgemeinde verläuft die Straße unter einem, wenn auch modernisierten, technischen Denkmal: einer 38 m hohen Eisenbahnbrücke. Mit der Inbetriebnahme der „Emskirchner Brücke" am 19. Juni 1865 wurde die letzte Lücke der Bahnlinie Nürnberg/Würzburg geschlossen.

Karpfen, und nicht nur die, kann man sich im Post-Gasthof „Goldener Hirsch" am Marktplatz munden lassen. Und welch berühmte Vorgänger hatten die heutigen Gäste dort: Von Beethoven und Schiller ist die Rede, Kaiserin Maria Theresia und ihr Gefolge waren im September 1745 hier zu Gast, ja sogar Giacomo Casanova (1725–1798) und sein Bruder Francesco

Das Zimmer im „Goldenen Hirsch", in dem der berühmte Casanova übernachtete, kann noch heute gemietet werden.

übernachteten 1783 im „Goldenen Hirsch". Seine zwischen 1790 und 1793 auf Schloss Dux in Nordböhmen verfassten Memoiren gehen leider nicht über das Jahr 1774 hinaus.

Emskirchen lag an der seit 1615 eingerichteten Postkutschenstrecke Nürnberg/Frankfurt und war ab 1623 Poststation. Solche Relaisstationen, die unter anderem dem Pferdewechsel dienten, gab es alle 15–30 km. Dabei konnten natürlich auch die Fahrgäste eine Pause einlegen, denn das Reisen auf den schlecht ausgebauten Straßen und in den unzureichend gefederten Wagen war anstrengend. Das besserte sich erst im 18. Jahrhundert mit der Einführung der bequemeren Eilwagen und durch die Trennung des Personen- und Güterverkehrs. Die feineren Herrschaften konnten es sich leisten, mit der so genannten Extrapost zu fahren, also mit Kutschen und Personal, das sie für ihre Reise mieteten, sofern sie nicht à la Maria Theresia sowieso über einen eigenen Hofstaat verfügten.

Ab 1686 betrieb die Familie Thurn und Taxis Postkutschenlinien in Bayern. Eine Station ihrer Reichspost war der Gasthof „Goldener Hirsch" in Emskirchen. In seinem Innenhof (mit Biergarten) mag man noch ein wenig die Atmosphäre empfinden, wenn die jeweils vier Pferde, die eine Kutsche zogen, ausgewechselt wurden. Sowohl die Betreuung der Fahrgäste als auch die Versorgung der Pferde und Kutschen waren für die Emskirchner gute Einnahmequellen. Doch die Zeit der Kutschen endete mit dem Bau der Eisenbahn, in Emskirchen also 1865.

Bevor wir nach Markt Erlbach gelangen, bieten sich ein Abstecher und ein kleiner Umweg an. Östlich, auf Herzogenaurach zu, liegt der Ort **Münchaurach.** Die Basilika des 1528 im Zuge der Reformation aufgelösten Benediktinerklosters hält Romanik (Langhaus) und Spätgotik (Chor und Querhaus) im Original bereit. Eine Kreuzigungsgruppe in der Kirche ist ein Werk des 16. Jahrhunderts. Das Kloster geht auf eine Stiftung des Grafen Gozwin von Höchstadt und dessen Sohn, des späteren Pfalzgrafen Hermann von Stahleck, im ersten Drittel des 12. Jahrhunderts zurück. Anlass war die Trauer um einen zweiten Sohn Gozwins.

Nur einige Kilometer südöstlich von Emskirchen kommen wir nach **Langenzenn** (über die B 8). Das Herrschaftsgut „Cenna", so die alte urkundliche Bezeichnung aus dem Jahr 1021, war eines der Güter, mit denen Heinrich II. – König ab 1002, Kaiser ab 1014 – sein neu gegründetes Bistum Bamberg ausstattete. Langenzenn dürfte allerdings noch älter sein, denn bereits im 6. oder 7. Jahrhundert könnte hier ein Königshof bestanden haben.

Zu Beginn des 15. Jahrhunderts kamen Augustiner-Chorherren nach Langenzenn, deren Kloster mit Kreuzgang und Kirche zu besichtigen ist. Das Innere der Kirche birgt viele Schätze, so etwa Fresken der Spätgotik und des frühen Barock, einen Ölberg (vor 1500), spätgotische Altäre, Epitaphien, ein Chorgestühl aus der Zeit um 1500, eine Kanzel aus dem Jahr 1626 und, am Choraufgang links, ein Verkündigungsrelief des Bildhauers Veit Stoß, das der Künstler 1513 schuf. Das Ende des Klosters kam 1533 mit der Reformation. Nahe der Kirche kann man das Heimatmuseum (Martin-Luther-Platz) besuchen.

Detail des Verkündigungsreliefs von Veit Stoß im Kloster Langenzenn

Von Langenzenn aus fahren wir in westlicher Richtung auf Markt Erlbach zu. Unterwegs machen wir in **Wilhermsdorf** Halt und besichtigen die dreischiffige evangelische Hallenkirche, die zwischen 1706 und 1709 erbaut wurde. Sie vereint Elemente der Renaissance und des Barock in sich. Gräfin Franziska Barbara von Hohenlohe († 1718) hat die Kirche gestiftet, die einen gotischen Vorgängerbau hatte. Der prunkvolle Sarg der Gräfin steht in der Gruft.

Franziska Barbara war die zweite Ehefrau des Grafen Wolfgang Julius von Hohenlohe und Gleichen († 1698). Wilhermsdorf verdankt ihr eine Blütezeit, denn neben dem Kirchenneubau stiftete sie die Spitalkirche (heute Friedhofskirche; 1718–1728), ließ das Spital erneuern, die Straßen pflastern und ein Pfarrhaus, ein Amtshaus und manch anderes errichten.

Urkundlich lässt sich der Ort bis in das Jahr 1096 nachweisen, damals Sitz der Edlen von Willehalmsdorf. Wilhermsdorf heißt der Ort erst seit 1568. Eine Verwechslung des im 17. Jahrhundert gegründeten Wilhelmsdorf mit dem älteren Wilhermsdorf ist daher (fast) ausgeschlossen.

Die Linie der Edlen von Wilhermsdorf starb 1569 aus. Doch bereits 1566 erwarb der aus Hessen stammende Heinrich Hermann Schutzper, genannt Milchling, mit seinen vier Brüdern die Ortsherrschaft. Das Geschlecht der Burgmilchlinge, das 1569 in den Adelsstand erhoben wurde, erlosch 1656. Danach fiel Wilhermsdorf an die Grafen von Hohenlohe. 1796 wurde der Ort preußisch und 1806 bayerisch. Von den Schlossbauten der verschiedenen Adelsgeschlechter sind nur eine Försterei und ein Wirtschaftshof erhalten (Schlosshof 7 und 9).

Etwa 1 km nördlich von Wilhermsdorf (links an der Straße nach Siedelbach) liegt ein jüdischer Friedhof, dessen Grabsteine vor allem aus dem 18./19. Jahrhundert datieren. Wahrscheinlich gab es seit dem 17. Jahrhundert eine jüdische Kultusgemeinde im Ort, die bis 1938 existierte.

Markt Erlbach wird bereits im Jahr 815 erstmals urkundlich erwähnt („ad Erlabach"), und zwar im Rahmen eines Zehntstreits zwischen Abt Ratgar von Fulda und Bischof Wolfgar von Würzburg. Es ist jedoch nicht ganz klar, ob nicht das unterfränkische Erlenbach bei Markt Heidenfeld gemeint ist. Nach 1282 übten die Nürnberger Burggrafen bzw. die späteren Hohenzollern die Herrschaft über die Marktgemeinde aus (Marktrecht ab 1314). Ähnlich wie in Emskirchen war die evangelische Pfarrkirche ursprünglich dem heiligen Kilian geweiht und vermutlich bereits im 8. Jahrhundert von Würzburg aus gegründet worden. Sie gilt als Urpfarrei der Kirchen in Wilhermsdorf, Neuhof an der Zenn und Trautskirchen.

Das Langhaus der evangelischen Kirche in Markt Erlbach brannte im Dreißigjährigen Krieg aus und wurde 1632 erneuert.

1528 wurde unter Markgraf Georg dem Frommen (1484–1543) die Reformation in Markt Erlbach eingeführt, wie in jener Zeit in der Markgrafschaft Ansbach insgesamt. Da der Marktort an einer Heerstraße lag, hatte er erheblich unter Kriegen zu leiden, wie etwa dem ersten Markgrafenkrieg oder dem Dreißigjährigen Krieg. Am 31. Mai 1632 wurde der Kaplan Konrad Schuler vor der Pfarrkirche von kroatische Soldaten aus dem Heer Wallensteins getötet.

Das heutige Aussehen der Kirche geht auf das 14. Jahrhundert zurück. Die Glasmalereien der Chorfenster (unter anderem Darstellungen aus dem Leben Mariä) sind Werke des späten 14. Jahrhunderts. Das Ölberggewölbe am Chor (mit gotischem Taufstein) stammt aus dem Jahr 1471. Viele figürliche Kunstwerke wurden im 15. und 16. Jahrhundert geschaffen. Das Gotteshaus beherbergt außerdem Epitaphien des 17. und 18. Jahrhunderts. Die Kanzel (1621) kam 1718 aus der Ansbacher Johanniskirche hierher und ist eine Arbeit des Windsheimer Bildhauers Georg Brenck d. Ä. (um 1564–1635). Der fünfgeschossige Turm steht ein wenig abseits des Kirchenschiffs, denn er wurde mit seinen 2 m dicken Mauern bewusst als Wehrturm errichtet, der nur schwer zugänglich war und der Bevölkerung in Zeiten der Not Zuflucht bot.

Von der eher schwachen Befestigung des Ortes, wozu wohl auch der an die Kirche grenzende Weiher gehörte, ist lediglich ein Fachwerk-Torhaus (18. Jahrhundert) an der Hauptstraße erhalten. Das Rangau-Handwerker-Museum im ehemaligen Dekanatsgebäude (im Kern 16. Jahrhundert) findet man ebenfalls an der Hauptstraße (Nr. 2).

Wenn wir von Markt Erlbach aus in südlicher Richtung fahren, gelangen wir wieder in das Tal der Zenn, das wir bereits von Wilhermsdorf und Langenzenn kennen. Zugleich treffen wir erneut auf den Zenntalradweg, der Fürth mit Rothenburg ob der Tauber verbindet und uns schon von der ersten Route bekannt ist.

Am reizvollsten ist es sicherlich, vom südöstlich des Ortes gelegenen, 411 m hohen Kolmberg einen Blick auf Neuhof an der Zenn zu werfen. Im 13. Jahrhundert rückt dieser „neue Hof" ins Licht der Geschichte, der als Neugründung zu einer 1611 abgetragenen Ansiedlung ganz in der Nähe angesehen werden muss. Jener erste Ort, als „Zennhausen" bezeichnet, wird bereits 776 erwähnt. Die Steine einer Kapelle in Zennhausen sollen für den Bau der Neuhofer Kirche verwendet worden sein. Der alte wie der neue Ort waren besitzrechtlich eng mit dem Zisterzienserkloster Heilsbronn (nordöstlich von Ansbach) verbunden.

Der nachmittelalterliche Mauerring Neuhofs ist weitgehend erhalten, obwohl gegen Ende des Zweiten Weltkriegs im Ort viel der ursprünglichen Bausubstanz zerstört wurde, darunter eines der beiden Torhäuser. Das verbliebene Torhaus (18. Jahrhundert) steht an der Hauptstraße. Erhalten sind auch die evangelische Pfarrkirche (ehemals St. Kilian) mit ihrem gotischen Turm und ihrem Langhaus aus dem Jahr 1771 sowie das Schloss am südlichen Rand des Ortskerns. Die leicht gedrungen wirkende Vierflügelanlage besticht durch ihre Symmetrie, die vor allem ihre sieben Türme hervorrufen. An einer Ecke ist dem Schloss ein runder Quaderturm vorgelagert. Mitte des 14. Jahrhunderts ging das Wasserschloss von den Schlüsselbergern auf das Kloster Heilsbronn über. Die heutige Anlage beruht auf einer Erweiterung der Jahre 1570–1573, die Markgraf Georg Friedrich von Brandenburg-Ansbach und Kulmbach (1539–1603) initiierte. Die Markgrafen besaßen das Recht, im Schloss zu wohnen, Jagdgesellschaften abzuhalten und ausschweifende Feste zu feiern –, und das alles auf Kosten des Klosters.

Nur wenige Kilometer sind es – in westlicher Richtung entlang der Zenn – bis **Trautskirchen,** womit sich der Kreis zur ersten Route bei Obernzenn fast schließt. Gundekar II., der zwischen 1057 und 1075 in Eichstätt das Bischofsamt bekleidete, weihte in seiner Amtszeit, durch seine Diözese reisend, etwa 100 Kirchen. Darunter war auch eine Kapelle mit dem Patrozinium St. Maria und St. Michael in Trautskirchen, die wahrscheinlich auf den Gründer der Ansiedlung zurückgeht, einen regionalen Grundherren mit dem Namen Trut. So geschehen im Jahr 1074, in dem Gundekar auch eine Kapelle im einstigen Nachbarort Zennhausen weihte.

Später wechselte das Patrizinium. Das Gotteshaus war fortan eine Laurentiuskirche, bis sich 1528 das lutherische Bekenntnis durchsetzte. Die heutige evangelische Pfarrkirche in Trautskirchen entstammt im Kern dem 15. Jahrhundert und war eine Chorturmkirche mit befestigtem Kirchhof. Davon zeugen der Turm und ein Torhaus (beide mit Veränderungen). Das Langhaus wurde 1754/55 nach Plänen des renommierten markgräflichen Hofbauinspektors Johann David Steingruber (1702–1787) neu angefügt, der den Markgrafenstil bei vielen Kirchenbauten der Region umsetzte.

Das über dem Ort aufragende Schloss war lange Zeit im Besitz der Familie von Seckendorff. Ernst Ludwig Freiherr von Seckendorff-Gutend ließ die Dreiflügelanlage 1708 an Stelle eines Vorgängerbaus errichten. Das erste Schloss gehörte vorübergehend dem Generalwachtmeister Klaus Dietrich von Sperreuth, der sich während des Dreißigjährigen Kriegs als Söldner verdingte und 1632 als Obrist unter schwedischer Fahne die Belagerung und Besetzung Dinkelsbühls zu verantworten hatte. Die drohende Brandschatzung der Stadt konnte verhindert werden, weil die Kinder Dinkelsbühls den Obristen um Gnade anflehten und milde stimmten. Auf dieser Episode beruht das Historienspiel „Die Kinderzeche", das alljährlich Mitte Juli in Dinkelsbühl veranstaltet wird. Ein Epitaphium in der Trautskirchener Pfarrkirche erinnert an die Familie von Sperreuth.

Am 26. Februar 1875 kam Hans Böckler als unehelicher Sohn der Dienstmagd Christina Kornbusch und des Knechts Andreas Böckler in Trautskirchen zur Welt. Hans Böckler ist aus der deutschen Gewerkschaftsgeschichte nicht wegzudenken. Bereits 1894 war er als gelernter Gold- und Silberschläger gewerkschaftlich aktiv, ab 1903 im Saarland, in den 1920er-Jahren in Köln und Düsseldorf. Als Abgeordneter der SPD wurde Böckler 1928 in den Reichstag gewählt. 1933 nahmen ihn die Nazis mehrere Male in Schutzhaft. Nach 1945 war er einer der Mitbegründer des Deutschen Gewerkschaftsbundes (DGB). Hans Böckler starb am 16. Februar 1951 in Köln. Sein Geburtshaus in der ihm zu Ehren benannten Hans-Böckler-

In diesem unscheinbaren Tagelöhner-Haus (rechts) in Trautskirchen erblickte Hans Böckler das Licht der Welt.

Straße in Trautskirchen wurde als Museum eingerichtet (gegenüber dem Haus Nr. 16; den Schlüssel dafür erhalten Interessierte im Gasthof „Goldener Stern", Hauptstraße 2). Die Hans-Böckler-Straße liegt Richtung Neuhof an der Zenn.

Den Abschluss der Route bildet ein Gasthaus mit dem wohlklingenden Namen „Zum goldenen Karpfen", das im Wilhermsdorfer Ortsteil **Kreben** zu finden ist, östlich von Trautskirchen bzw. südlich von Wilhermsdorf.

Praktische Hinweise

Gasthäuser mit Karpfenangebot während der Saison (Auswahl)
– Landgasthof „Zur Hammerschmiede", Birnbaum 56, 91466 Gerhardshofen/Birnbaum, Tel. (0 91 63) 9 99 40.
– Gasthaus Süß, Reichenbacher Straße 1, 91085 Weisendorf/Buch, Tel. (0 91 32) 93 06.
– Landgasthaus Heller, Zum Dachsknock 7, 91085 Weisendorf/Buch, Tel. (0 91 32) 79 63 49.
– Landgasthof „Zum Erlengrund", Erlengründlein 6, 91448 Emskirchen, Tel. (0 91 04) 9 17.
– Post-Gasthof „Goldener Hirsch", Am Marktplatz 6, 91448 Emskirchen, Tel. (0 91 04) 6 95.
– Gasthof „Rangau", Röttenbacher Straße 9, 91056 Dechsendorf, Tel. (0 91 35) 80 86.
– Gasthof „König Humbert", Schuhstraße 3, 91052 Erlangen, Tel. (0 91 31) 8 94 00 (Zentrum, Nähe Schlosspark).
– Restaurant „Walhalla", Obstmarkt 3, 90762 Fürth, Tel. (09 11) 77 22 66 (Zentrum, Nähe Rathaus).
– Landgasthof „Jägersruh", Neuhauser Straße 16, 91093 Heßdorf/Hesselberg, Tel. (0 91 35) 68 08.
– Gasthaus „Schuh", Dorfstraße 6, 91096 Möhrendorf/Kleinseebach, Tel. (0 91 33) 35 17.

- „Die Fischerei", Am Deckersweiher 24, 91056 Erlangen/Kosbach,
  Tel. (0 91 31) 4 55 56.
- Gasthof „Zum Vogelsberg", Krausenbechhofen 31, 91350 Grems-
  dorf/Krausenbechhofen, Tel. (0 91 93) 46 89.
- Gasthaus „Zum goldenen Karpfen", Kreben 6, 91452 Wilherms-
  dorf/Kreben, Tel. (0 91 02) 3 69.
- Gasthaus Hellwig, Hagenhofen 17, 91459 Markt Erlbach/Hagenhofen,
  Tel. (0 91 06) 8 21.
- Gasthaus „Im Aurachgrund", Mosbach 3, 91459 Markt Erlbach/Mosbach,
  Tel. (0 91 61) 99 84.
- Landgasthof Wick, Fürther Straße 10, 91459 Markt Erlbach/Eschenbach,
  Tel. (0 91 06) 2 62.
- Landgasthof „Zum Stern", Hauptstraße 60, 91459 Markt Erlbach/Linden,
  Tel. (0 91 06) 8 91.
- Fischküche Förster, Hauptstraße 9, 91096 Möhrendorf, Tel. (0 91 31)
  4 15 80.
- Fischküche Letsch, Hauptstraße 16, 91096 Möhrendorf, Tel. (0 91 31)
  4 12 41.
- Brauerei-Gasthof „Zum Löwenbräu", Neuhauser Hauptstraße 3,
  91325 Adelsdorf/Neuhaus, Tel. (0 91 95) 72 21.
- Landgasthof Niebler, Neuhauser Hauptstraße 30, 91325 Adelsdorf/Neu-
  haus, Tel. (0 91 95) 86 82.
- Gasthaus Hammer, Neuselingsbach 12, 90616 Neuhof an der Zenn/Neu-
  selingsbach, Tel. (0 91 07) 2 51.
- Gasthaus Kammerer, Adelsdorf 9, 90616 Neuhof an der Zenn/Adelsdorf,
  Tel. (0 91 02) 14 93.
- Gasthof „Zenntaler Hof", Adelsdorf 12, 90616 Neuhof an der Zenn/Adels-
  dorf, Tel. (0 91 02) 3 75.
- Gasthaus Reck, Oberndorf 7, 91096 Möhrendorf/Oberndorf,
  Tel. (0 91 31) 4 71 76.

- Brauerei-Gasthof Geyer, Hauptstraße 18, 91097 Oberreichenbach, Tel. (0 91 04) 28 02.
- Gasthaus Walter, Poppenwind 17, 91350 Gremsdorf/Poppenwind, Tel. (0 91 93) 82 73.
- Landgasthof Lunz, Rezelsdorfer Straße 13, 91085 Weisendorf/Rezelsdorf, Tel. (0 91 63) 2 86.
- Fischküche Fuchs, Hauptstraße 62, 91341 Röttenbach, Tel. (0 91 95) 89 24.
- Gasthof Keiner, Hauptstraße 54, 91341 Röttenbach, Tel. (0 91 95) 24 54.
- Gasthof „Goldener Stern", Hauptstraße 2, 90619 Trautskirchen, Tel. (0 91 07) 2 55.
- Gasthof „Brennerei-Stuben", Bergstraße 21, 91489 Wilhelmsdorf, Tel. (0 91 04) 21 41.

Informationen
- Verkehrsverein Erlangen, Rathausplatz 1, 91052 Erlangen, Tel. (0 91 31) 8 95 10.
- Gemeindeverwaltung Emskirchen, Erlanger Straße 2, 91448 Emskirchen, Tel. (0 91 04) 8 29 20.
- Tourist-Information Fürth, Maxstraße 42, 90762 Fürth, Tel. (09 11) 7 40 66 15.
- Stadtverwaltung Langenzenn, Klaushofer Weg 1, 90579 Langenzenn, Tel. (0 91 01) 70 30.
- Gemeinde Markt Erlbach, Neue Straße 16, 91459 Markt Erlbach, Tel. (0 91 06) 9 29 30.
- Gemeindeverwaltung Möhrendorf, Kirchenweg 3, 91096 Möhrendorf, Tel. (0 91 31) 7 55 10.
- Gemeindeverwaltung Adelsdorf/Neuhaus, Hauptstraße 23, 91325 Adelsdorf, Tel. (0 91 95) 9 43 20.
- Gemeinde Neuhof an der Zenn, Marktplatz 10, 90616 Neuhof an der. Zenn, Tel. (0 91 07) 13 91.

- Gemeindeverwaltung Röttenbach, Ringstraße 46, 91341 Röttenbach, Tel. (0 91 95) 9 49 00.
- Gemeinde Trautskirchen, Rathausplatz 1, 90619 Trautskirchen, Tel. (0 91 07) 99 79 73.
- Gemeindeverwaltung Weisendorf, Neustadter Straße 1, 91085 Weisendorf, Tel. (0 91 35) 7 12 00.
- Gemeindeverwaltung Wilhelmsdorf, Hugenottenplatz 8, 91489 Wilhelmsdorf, Tel. (0 91 04) 89 78 14.
- Marktverwaltung Wilhermsdorf, Hauptstraße 46, 91452 Wilhermsdorf, Tel. (0 91 02) 9 95 80.

Öffnungszeiten
- Brunn: Rundfunkmuseum im Schloss Brunn, Am Schloss 2, Tel. (0 91 04) 24 82: Mai–Okt., Sonn- und Feiertage 14–17 Uhr.
- Emskirchen: Heimatmuseum, Hindenburgstraße 32, Tel. (0 91 04) 10 33: Mai–Okt., jeweils am ersten Sonntag im Monat 14–16 Uhr.
- Kästel: Den Schlüssel für die Mauritiuskirche erhält man im Haus Nr. 27.
- Langenzenn: Heimatmuseum, Martin-Luther-Platz, Tel. (0 91 01) 81 40: jeweils am ersten Sonntag im Monat 14–16 Uhr.
- Markt Erlbach: Rangau-Handwerker-Museum, Hauptstraße 2, Tel. (0 91 04) 24 82: Apr.–Okt., Sonn- und Feiertage 13–16 Uhr.
- Neuhaus: Historisches Fischereihaus (Jagd- und Fischereiausstellung), Adelsdorfer Straße/Ecke Heppstädter Straße, Tel. (0 91 93) 88 78 und (0 91 32) 47 87: Apr.–Okt., So. 13–17 Uhr.
- Trautskirchen: Der Schlüssel für das Geburtshaus von Hans Böckler in der Hans-Böckler-Straße (gegenüber von Haus Nr. 16) ist im Gasthof „Goldener Stern" (Hauptstraße 2) erhältlich.
- Wilhelmsdorf: Zirkelmuseum, Hugenottenplatz 8, Tel. (0 91 04) 6 22: Mai–Okt., jeweils am ersten und dritten Sonntag im Monat 14–17 Uhr.

Wandern

– Die Gemeinde Neuhaus bietet neben dem Besuch eines historischen Fischereihauses zwei Naturlehrpfade (mit Schautafeln) zum Thema Jagd und Teichwirtschaft an, die zusammen 5 km lang sind und unter anderem durch die Weiherlandschaft (Karpfenzucht) führen: Tel. (0 91 93) 88 78 und (0 91 32) 47 87.

– Der Wanderweg zwischen Uehlfeld im Aischtal und Trautskirchen ist 39 km lang und durch einen gelben Punkt auf weißem Grund gekennzeichnet (vgl. auch Fritsch Wanderkarte Nr. 71, „Frankens gemütliche Ecke").

Literatur

– Casanova, G.: Geschichte meines Lebens. Bde. I-V. Auf der Grundlage der von B. und G. Albrecht hg. Ausgabe ausgewählt und mit einem Nachwort versehen von Johanna von Koppenfels, Berlin 1998 (Aufbau Tb. 6028).

– [Duck, P.]: Die fränkischen Wasserschöpfräder in der Regnitz. Kurzer Abriß von Geschichte, Bau und Funktion mit 7 Abbildungen und einer Karte, o. O. [Hausen] o. J. [ca. 1996].

– Heinz, J.: „Die Hunde der Herren führen ein schöneres Leben als Ihr". Hans Böcklers gewerkschaftliche Tätigkeit an der Saar 1903–1907. Kommentierte und bebilderte Reprintausgabe der Böcklerschen Werbeschrift „Es werde Licht!" aus dem Jahr 1906, St. Ingbert 1992 (Beiträge zur Regionalgeschichte: Blickwinkel, Bd. 1).

– Siegismund, W.: Geschichte eines fränkischen Dorfes. 500 Jahre Katharinenkirche, Rezelsdorf o. J. [ca. 1988]. [Mit Auszügen aus der Reisebeschreibung des Sebald Rieter ins Heilige Land 1479/80.]

Aß Wolfram Karpfen? – Fahrt nach Wolframs-Eschenbach

Wir nähern uns dem südlichen Zentrum der Karpfenkultur in Franken, indem wir uns von Kreben bzw. Neuhof an der Zenn südlich nach **Dieten-hofen** an der Bibert begeben. Die hiesige Kirche St. Andreas tritt mit einem Flügelaltar von 1510 in den Wettbewerb um die beste plastische Kunst der Spätgotik ein. Es müssen schließlich nicht immer Arbeiten von Veit Stoß oder Tilman Riemenschneider sein; auch die Nürnberger Arbeit in Dieten-hofen an der Bibert kann sich mit ihrer Kreuzgruppe sehen lassen. Im Schloss (18. Jahrhundert) wurde 1970 das Heimatmuseum eingerichtet. Burg Leonrod, nunmehr Ruine, war spätestens ab dem 12. Jahrhundert Sitz des gleichnamigen Adelsgeschlechts. 1944 richteten die Nazis Ludwig Frei-herr von Leonrod als Widerstandskämpfer hin.

Wurden im Refektorium des Klosters von **Heilsbronn** Karpfen gereicht? Hat daselbst vielleicht der Dichter des „Parzival", Wolfram von Eschenbach, Karpfen gegessen, als er – möglicherweise – in diesem Kloster zur Schule ging? In Heilsbronn passen jedenfalls Kulturgenuss und kulinarische Stu-dien nach wie vor gut zusammen, vor allem, wenn man im Garten eines Restaurants speist, das an die romanischen Fenster des einstigen Refektoriums (1230) grenzt.

Nun aber erst einmal der Reihe nach. Heilsbronn ge-hört zu jenen fränkischen Kleinstädten, die ihre mitt-lere Größe, eine gewisse Umschlossenheit und eine mittelalterliche Ausstrah-

Detail der Fassade eines Heilsbronner Hauses

Viele ehemalige Klostergebäude aus dem Mittelalter prägen das Heilsbronner Stadtbild.

lung gemeinsam haben, wie etwa Seßlach, Aub, Wolframs-Eschenbach, Bad Windsheim, Amorbach, Prichsenstadt, Dettelbach, Volkach, Iphofen, Gerolzhofen und Königsberg. In Heilsbronn gibt es Winkel, die Carl Spitzweg gemalt haben könnte.

Das Kloster von Heilsbronn wurde 1132 von Bischof Otto von Bamberg als Zisterzienserkloster gegründet. Im 13. Jahrhundert kam es unter die Herrschaft der Hohenzollern, die das Münster zu einer ihrer Grablegen bestimmten. Deshalb birgt die Kirche im Innern mehrere pompöse Sarkophage und viele wertvolle Ausstattungsstücke. Entsprechend der evangelischen Ausrichtung des Herrschergeschlechts wurde die Reformation in Heilsbronn 1529 von Markgraf Georg dem Frommen eingeführt. Man wandelte das Kloster in eine Schule um, die jedoch 1736 aufgelöst wurde.

Die Innenausstattung des Münsters ist wahrhaft überwältigend. Selbst wenn es hier nur ein einziges dieser großartigen sakralen Kunstwerke gäbe, würden wir extra deswegen herfahren. Ein heimischer Kirchenführer beschreibt mehr als 60 Stationen, die man besuchen kann. Wir haben uns vom Wasser am „heilenden Bronn" vor der Kirche inspirieren lassen und uns das Grab der Kurfürstin Anna im Mittelschiff aus dem Jahr 1512 genauer angesehen. Auf einer Tafel am Fußende des Grabes sind die Titel der Kurfürstin zu lesen: „Herzogin zu Sachsen, Markgräfin zu Brandenburg, zu Stettin, Pommern, der Cassuben und Wenden Herczogin, Burggräffin zu Nurmberg und Fürstin zu Rügenn." Unter dem reich verzierten Hochgrab kann man einige Stufen hinabsteigen. Dort findet man eine der Schwabachquellen. Es ist also deutlich zu sehen, wie nahe die Zisterzienser am Wasser gebaut haben.

Weiter vorn im Mittelschiff, an der nördlichen Wand vor dem Querhaus, hängen sieben Bilder und Tafeln der Hohenzollern, unter anderem die Gedächtnistafel für Markgraf und Kurfürst Albrecht Achilles (1414–1486), die in der Schule von Michael Wolgemut, dem Lehrer Albrecht Dürers, gemalt wurden. Ein Grabstein an der nördlichen Außenwand trägt eine Inschrift, die auf das Geschlecht der Abenberger hinweist: „Hic de monte genus sepelitur non alienus." – „Hier liegt das Geschlecht derer vom Berge, kein fremdes." Gemeint ist jenes Abenberg in Mittelfranken (südöstlich von Heilsbronn), das im „Parzival" erwähnt wird, womit wir ein weiteres Mal darüber spekulieren können, ob nicht Wolfram von Eschenbach in Heilsbronn zur Schule ging und bei den Zisterziensern seinen Karpfen aß.

So gut es uns in Heilsbronn auch gefällt – wenn wir den weiteren Verlauf der Karpfenroute erkunden wollen, müssen wir den Klosterort verlassen. Wir fahren in südlicher Richtung auf der Straße oder auf dem Karpfen-Radweg nach **Neuendettelsau** weiter. Diesen Zielort kennzeichnen die Gebäude der verschiedenen evangelischen Einrichtungen, soziale Anstalten und Lehrinstitute. Für den Touristen ist die evangelische Pfarrkirche, ehemals St. Nikolaus, interessant, da sie von der Erbauungsphase um 1900 geprägt ist. Im Innern birgt sie sakrale Gegenstände, die aus der künstlerisch reichen Zeit des Spätmittelalters datieren: eine Sakramentsnische aus dem 15. Jahrhundert, eine hölzerne Muttergottes und ein heiliger Nikolaus, gefertigt um 1500. Grabsteine zeugen von der ortsansässigen Adelsfamilie derer von Eyb. Ein Grabstein auf dem Friedhof von Neuendettelsau steht für Wilhelm Löhe, der 1808 in Fürth geboren wurde. Er studierte

Der Grabstein Wilhelm Löhes in Neuendettelsau. Der Theologe wurde als Gründer einer nordamerikanischen Missionsanstalt für Auswanderer und Indianer, als Gründer der Inneren Mission und als Förderer der Diakonie berühmt.

Theologie in Erlangen und war ab 1837 evangelisch-lutherischer Pfarrer in Neuendettelsau, wo er 1872 verstarb.

Südlich von Neuendettelsau wollen wir einem der reizvollen flachen fränkischen Flusstäler folgen und streben daher der Rezat zu, die wir südlich bei **Windsbach** erreichen. Das geschlossen altfränkische Stadtbild konnte bewahrt werden, ähnlich dem in Heilsbronn. Eine der schönsten Perspektiven bietet sich auf der Hauptstraße, wenn man am Rathaus (1749) vorbei zum Oberen Tor (1728–1730) blickt. Die Kirchen sind entsprechend der markgräflichen Tradition evangelisch, allerdings nicht so wertvoll ausgestattet wie beispielsweise die Kirche in Heilsbronn. Mit einer Ausnahme: die Gottesruhkapelle St. Stephan am südlichen Ortsrand. Sie ist mit Wandmalereien aus der Zeit um 1440 bemalt. Dargestellt sind Szenen aus dem Leben Jesu, Bilder aus dem Leben Mariä, die Apostel, Stifterfiguren und andere Motive, die sich jedoch in schlechtem Zustand befinden.

Die Stadtpfarrkirche in Windsbach ist ein typischer Bau im Markgrafenstil und zwischen 1728 und 1730 als Neubau entstanden. Am in sich geschlossenen Ortsbild haben wir uns bereits beim Betreten der Stadt erfreut. Vielleicht ist der Blick dabei auch auf die Reste der Ummauerung gefallen, die denselben Charme wie nicht mehr genutzte Verkehrswege ausstrahlt: Früher ernsten Verteidigungszwecken dienend, ist sie heute nur

Das Obere Tor in Windsbach

noch romantisch. Ein noch genutztes Verkehrswege-Denkmal verkörpert die Markgrafenbrücke über die Rezat, die mit finanzieller Unterstützung des Markgrafen Alexander 1790–1792 errichtet wurde. Markgräflich blieb Windsbach allerdings nur bis 1791, danach wurde es zunächst preußisch und fiel 1806 an Bayern. Heute ist es durch den hier ansässigen Windsbacher Knabenchor berühmt.

Eine richtige Festung begegnet uns rezataufwärts in **Lichtenau** (nordwestlich von Windsbach). Die mächtige Befestigungsanlage wirkt beinahe störend in der schmalen Flusslandschaft der Rezat. Es handelt sich dabei um eine Festung der Freien Reichsstadt Nürnberg, die ihre Rechte gegenüber den Markgrafen sichern wollte. Die fünfeckige Anlage mit Mauern und Türmen aus Buckelquadern wurde 1558–1630 nach italienisch-holländischem Muster erbaut und umfasst ein Schloss. Auch der sich anschließende Ort um Kirche und Marktplatz lässt Strukturen sowie einzelne Reste einer eigenen Befestigung (Mitte 18. Jahrhundert) erkennen.

Der Fränkische Karpfen-Radweg führt uns jedoch nicht nach Lichtenau, sondern von Windsbach aus über Sauernheim und Reutern nach **Wolframs-Eschenbach** (südlich von Lichtenau). Durch den Bezug zu Wolfram von Eschenbach (um 1170 bis um 1220) erhält die gesamte Region für literarisch Interessierte einen geradezu symbolischen Akzent. Der „Parzival" (um 1210) Wolframs von Eschenbach gilt neben dem Nibelungenlied und dem „Tristan" Gottfrieds von Straßburg als eines der größten deutschen Werke des Mittelalters. Wie sich ein forschender Schriftsteller in diesem Bewusstsein dem Geburtsort Wolframs von Eschenbach nähert, kann man bei Dieter Kühn nachlesen. „Eschenbach: sehr kleine Häuser, meist lehmhell, erdbraun …" (Dieter Kühn, Der Parzival des Wolfram von Eschenbach, S. 47). Sorgfältig zählt er auf, welche Orte in der Umgebung von Wolframs-Eschenbach in den Werken des Dichters benannt sind: Abenberg, Dollnstein und Trüdingen.

Der Ritter Parzival, anfangs noch unschuldig und ohne große Kenntnisse (bei Richard Wagner ein „reiner Tor") gelangt im ersten Teil des Werkes zufällig auf die Gralsburg – wie man auf die entscheidenden Dinge des Lebens wohl immer ohne Absicht stößt. Tatsächlich kann man sich über die Vielzahl der Mauern und Türme aus mittelalterlicher Zeit in Wolframs-Eschenbach, das 1332 zur Stadt erhoben wurde, nur wundern. Die Stadtmauer datiert aus dem 13.–15. Jahrhundert und hat die Zeiten überdauert. Kirche, Schloss und bürgerliche Fachwerkhäuser schmücken die Straßen.

Die gotische Marienkirche aus dem 13. Jahrhundert (Vorgängerbau aus dem 11. Jahrhundert) ist die älteste Hallenkirche Frankens. Sie wurde ab der Barockzeit verändert. Im südlichen Nebenschiff

Der Brunnen zu Ehren des „Parzival" in Wolframs-Eschenbach

steht ein Flügelaltar aus dem Jahr 1490. Das Grab Wolframs von Eschenbach, das man in der Kirche vermutete, konnte nicht gefunden werden. Das Deutschordensschloss am Marktplatz geht auf das Jahr 1623 zurück und dient heute als Rathaus. Vom Marktplatz aus fällt uns das Gasthaus „Alte Vogtei" auf, das im 15. Jahrhundert als Ordensvogtei eingerichtet und im 17. Jahrhundert an der Fassade ausgestaltet wurde.

In das Gebiet der Markgrafen bis zur Altmühl

Nach einem Umgang entlang der Stadtmauer von Wolframs-Eschenbach begeben wir uns 2 km südwestlich nach **Merkendorf,** dessen Mauerring aus dem 15. Jahrhundert ebenfalls vollständig erhalten ist. Im Süden führt der Alte Graben das Wasser des Weißbachs und Schwäne schwimmen da-

Der Alte Graben vor der völlig intakten Stadtmauer von Merkendorf

rin, die das Idyll komplettieren. In der Ortsmitte überragt das Alte Rathaus (15./16. Jahrhundert) die anderen Gebäude. Die erhöht liegende Pfarrkirche geht auf das 15. Jahrhundert zurück, sodass sich hier, ebenso wie in Wolframs-Eschenbach, der markgräflich-barocke Stil weniger bemerkbar macht. Merkendorf war ursprünglich im Besitz des Klosters Heilsbronn und soll in den letzten Tagen des Zweiten Weltkriegs schwer umkämpft worden sein.

Für einen Abstecher in zwei sehenswerte Orte verlassen wir den Karpfen-Radweg. Etwa 3 km westlich von Merkendorf, in **Triesdorf,** kehren wir in die markgräfliche Sphäre zurück. Bei den Gebäuden, die im 17. Jahrhundert begonnen wurden, handelt es sich um die Sommerresidenz für den Ansbacher Hof, wobei die Teiche vor dem Weißen Schloss (1682–1776) weniger der Fischzucht als der Verschönerung der Parklandschaft zu dienen scheinen. 1730/32 entstand das ehemalige Falkenhaus oder Rote

In der Zehntscheune in Merkendorf ist heute das Heimatmuseum untergebracht.

Schloss, benannt nach dem roten Sandstein der Fenster- und Türstürze sowie der Eckrisalite. Außerdem gibt es noch ein Reithaus, einen Marstall, ein Jägerhaus und andere Nebengebäude, alle weitläufig verteilt, sodass sich die Hofgesellschaft wie in der freien Natur fühlen konnte. Mitte des 18. Jahrhunderts muss in Triesdorf die größte Falknerei betrieben worden sein, die es in deutschen Landen gab.

Etwa 3 km westlich gelangen wir nahe **Sommersdorf** ins Altmühltal. Sommersdorf hat nicht nur Teiche an einer Residenz, sondern ein richtiges Wasserschloss zu bieten, das Ludwig von Eyb 1391 errichten ließ. Das mittelalterliche Bauwerk wurde nicht verändert und wirkt auf den Betrachter der Neuzeit recht poetisch. An einem östlichen Torturm steht das Kastenamtshaus (18. Jahrhundert). Am 24. August 1420 wurde der humanistische Schriftsteller Albrecht von Eyb auf Schloss Sommersdorf gebo-

Man kann sich lebhaft vorstellen, welchem Zweck der Wassergraben und die starken Mauern des Sommersdorfer Wasserschlosses dienen sollten.

ren. Der spätere Domherr in Bamberg und Eichstätt gerät unter anderem nicht in Vergessenheit, weil er ein literarisches „Ehebüchlein" (1472) schrieb, das nach wie vor unterhaltsam und bedenkenswert ist. Am 24. Juli 1475 verstarb Albrecht von Eyb in Eichstätt.

Etwa 1 km südlich von Sommersdorf fließt die Altmühl vorbei. An ihr entlang fahren wir, zum Beispiel den Altmühl-Radweg nutzend, flussabwärts nach **Ornbau.** Von Süden her sieht man kaum ein Gebäude außerhalb der Stadtmauer. Dem mittelalterlichen Stadtkern nä-

Dieser romantische Anblick bietet sich dem Besucher Ornbaus, wenn er sich der Stadt aus südlicher Richtung nähert.

hern wir uns über diese freie, unbebaute Flusslandschaft. Wir überqueren die Altmühl auf der fünfbogigen Brücke (18. Jahrhundert), die eine Nepomukfigur aus dem Jahr 1736 trägt. Am anderen Ende der Brücke lässt das Untere Tor aus dem 15. Jahrhundert einen Durchgang frei, rechts erkennt man Turm (16. Jahrhundert) und Dach (mit Hauptschiff von 1967) der Stadtpfarrkirche St. Jakobus. An der Kirche vorbei zieht es uns weiter in die Stadt hinein, durch die alten Gässchen, zum Beispiel durch jenes mit dem Namen Altstadt oder durch die Hammergasse und die Klosterstraße. In der Altstadt entdecken wir in einem Fachwerkhaus mit geschnitztem Türrahmen aus dem 17. Jahrhundert den Gasthof „Zum Hirschen" (Nr. 13), in dem wir uns einen guten Karpfen reichen lassen können. Danach besuchen wir auf dem Friedhof das Grabmal von Georg Franziskus Maréchal de Bievre: eine Stufenpyramide mit bekrönender Vase. Das Grab erinnert an

Das Seckendorff'sche Schloss in Bechhofen

einen Bühnenautor († 1789), der in Triesdorf Gast des Markgrafen war und dort verstorben ist. Die Friedhofskirche ist gotisch und geht auf das 14. Jahrhundert zurück.

Von Ornbau begeben wir uns in westlicher Richtung nach Bechhofen. Auf dem Weg dorthin kommen wir in **Wiesethbruck** an einer solch prächtigen Mühle vorbei, dass man sie für ein Wasserschloss halten könnte. Diese Mühle wurde ab dem 17. Jahrhundert betrieben.

In **Bechhofen** umfängt uns nur wenig mittelalterliche Enge, vielmehr tun sich einzelne größere Plätze auf: etwa um die evangelische Nebenkirche aus dem 15. Jahrhundert, die 1780 umgebaut wurde; oder beim ehemaligen Seckendorff'schen Schloss aus dem 17./18. Jahrhundert. Noch großräumiger (2,5 ha) ist die Fläche eines jüdischen Friedhofs mit etwa 8 000 Gräbern auf einer Anhöhe nordwestlich von Bechhofen.

Südlich von Bechhofen und seinem Ortsteil Königshofen an der Heide wird deutlich, dass wir uns im Zeichen des Karpfens bewegen: Eine weitläufige Weiherkette erstreckt sich in das Waldgebiet namens Heide, das der Limes im Süden durchschneidet. Der mittlere Weiher heißt Krummweiher, wahrscheinlich weil er so krumm wie ein Bumerang ist. Die anderen heißen Mühlweiher und Weihermühle-Weiher.

Zu den Römern und dem romanischen Stil

In **Königshofen** widmen wir uns in Form der ehemaligen Marien-Wallfahrtskirche (s. Foto S. 122) eingehend der sakralen Kunst. Das Bauwerk geht auf das 14. Jahrhundert zurück und erhebt sich als durchgehend gotischer Bau. 1450 wurde eine kunstvoll verzierte Südvorhalle angebaut, 1517 erweiterte man das südliche Seitenschiff. Im Innern wirkt das Gotteshaus hell und weiträumig. Die Madonnenfigur nahe der Sakramentsnische ist ein bemerkenswertes Kunstwerk aus dem frühen 14. Jahrhundert. Aus einer der Grabplatten ist eine Ritterfigur fast frei stehend herausgemeißelt. Das Grab (um 1490) trägt keine Inschrift.

Im Heide-Wald verläuft, wie gesagt, der Limes, der Grenzwall aus römischer Zeit. Der Kreut- oder Hammerschmieds-Weiher am Südrand der Heide schließt direkt an das historisch belegte römische Kastell Dambach an. – Bis hierher sind die Römer also gekommen. Der Grenzwall wurde nicht errichtet, um die anstürmenden germanischen Stämme aufzuhalten, dafür war der Limes viel zu dürftig gestaltet und bewacht. Er diente vielmehr der Kontrolle des Grenzverkehrs und des Warenaustausches. Seit der Zeit um Christi Geburt verschoben die Römer ihre Reichsgrenze immer weiter nach Nordosten. In der julisch-claudischen Ära (14–68/69) bildeten Rhein und Donau die Nordgrenze der römischen Einflusssphäre, in frühflavischer Zeit kam der Schwarzwald hinzu (bis 80) und bis um 260 konnte der Limes als Nordgrenze gegen die Germanen gehalten werden.

Portal der gotischen Marien-Wallfahrtskirche in Königshofen

Schon zur Zeit Cäsars (100–44 v. Chr.) war abzusehen, dass die Germanen das künftige Hauptproblem Roms sein würden. Am Ende seiner Regierungszeit plante der Diktator und Feldherr deshalb einen Krieg gegen die Parther, um ungehemmt in den Norden vordringen und so den Germanen in den Rücken fallen zu können. Zum Schaden des Römerreichs wurde dieser Plan zunächst durch Cäsars Ermordung vereitelt und versank schließlich in den Wirren des Kampfes um seine Nachfolge. Die Germanenfeldzüge des Tiberius und des Varus unter der Ägide des Augustus (63 v. Chr.–14 n. Chr.) mündeten in das Desaster, das die Römer 9 n. Chr. mit dem Verlust dreier Legionen im Teutoburger Wald erlebten. Cäsar hätte das Vordringen der Germanen möglicherweise im Keim erstickt.

Es kam jedoch anders: Das Römische Reich versank, lebte aber gleichsam im „lateinischen Mittelalter" fort und mit der Übernahme des Christentums überlieferten die Germanen die kulturelle Orientierung der römischen Spätzeit. Doch zur Zeit des germanischen Stammes der Franken, der sich erst im frühen Mittelalter in diesem Gebiet etablierte, gab es für die Mauern des Limes keine Erklärung mehr. So setzte sich eine Sage durch und der einstige Grenzwall der Römer wurde zur „Teufelsmauer", die Luzifer über Nacht durch den Wald gezogen hatte.

Im südlichen Mittelfranken stößt man außerdem auf die Spuren der Vorgeschichte, denn ca. 5 km südwestlich des ehemaligen Kastells Dambach erhebt sich der **Hesselberg** (689 m). Die Osterwiese auf dem Ostteil des Tafelberges war von einem Ringwall umschlossen, der vermutlich in der Urnenfelderzeit (um 1200–700 v. Chr.) angelegt worden war. Einzelfunde datieren aus der Jungsteinzeit (6. Jahrtausend v. Chr. bis um 1800 v. Chr.) und der frühen bis mittleren Bronzezeit (Ende 3. Jahrtausend v. Chr. bis um 1200 v. Chr.). Im Mittelalter entstanden auf dem Hesselberg Wallanlagen. Als Ende des 18., Anfang des 19. Jahrhunderts die romantische Naturbetrachtung aufkam, besuchte man den Hesselberg schwelgerisch als ehemalige „heidnische Opferstätte". Heute ist er Landschaftsschutzgebiet und zieht Geologen ebenso wie Biologen an.

Etwa 3 km südlich fließt die Wörnitz vorüber. Wir wenden uns nach Süden und kehren über den Wörnitzweg auf den Karpfen-Radweg bei Dinkelsbühl zurück. Den vor allem im Frühjahr anregenden Naturgenuss des Wörnitztals unterbrechen wir in **Weiltingen** mit der Besichtigung eines spätgotischen Flügelaltars (1514) in der Weiltinger Pfarrkirche. Tafelbilder von Hans Schäufelein, einem Nördlinger Stadtmaler, zieren den Altar.

Bekrönt werden die fränkischen Landschaften oft von größeren Städten, die den Reisenden vor allem dann ansprechen, wenn sie zumindest an einer Seite mit der umgebenden Natur harmonieren. Das ist auf besondere Weise in **Dinkelsbühl** gegeben, dem südlichen Zentrum der fränkischen Karpfenteichwirtschaft: Von Nordwesten her blickt man über die Wörnitz zunächst auf eine Wiese und dann auf die mittelalterlichen Stadtmauern, die von den vielen Dächern und Türmen der Altstadt überragt werden.

Gemäß einer Überlieferung soll es in Dinkelsbühl bereits 1550 „so viel Weiher als Tage im Jahr" gegeben haben. 1738 regelte die Dinkelsbühler Polizei die Karpfenwirtschaft so, dass die Bürger das ganze Jahr über ihren geliebten Speisefisch erwerben konnten. Der typische Dinkelsbühler Karpfen wird erst seit Beginn des 20. Jahrhunderts als eigene Rasse gezüchtet.

Die Dinkelsbühler Altstadt ist vollständig von der mittelalterlichen steinernen Befestigung (14./15. Jahrhundert) umgeben. Vor der Mauer mit ihren 18 Türmen und vier Toren erstreckt sich fast durchgehend ein Grünstreifen. Wir betreten die Stadt – seit 1335 freie Reichsstadt – durch das östliche, das Wörnitztor (13./14. Jahrhundert) und blicken versonnen auf das Wasser, denn hier grenzt der Grünstreifen an den Mühlgraben und weiter östlich fließt die Wörnitz vorüber. Dieses Wasser an den Stadtmauern erfüllte mehrere praktische Funktionen: Es diente dem militärischen Schutz der Mauern, als Trinkwasserspeicher, als Reservoir bei Feuersbrünsten und nicht zuletzt der Karpfenzucht.

Innerhalb der Mauern sind die Straßenzüge mit ihren Bürgerhäusern von den Eingriffen der Neuzeit verschont geblieben. Unmittelbar hinter dem Wörnitztor werfen wir einen Blick nach links auf das Alte Rathaus aus dem 14. Jahrhundert, das im 16. Jahrhundert erweitert wurde. Südlich liegen das ehemalige Karmelitenkloster (Anfang 18. Jahrhundert) und die evangelische Stadtpfarrkirche aus dem 19. Jahrhundert. Höhepunkt der Dinkelsbühler Kunstgeschichte ist die gotische Stadtpfarrkirche St. Georg am Marktplatz, zu erkennen an dem hohen, langen Dach mit dem westlich angefügten, relativ niedrigen Turm. Die 1448–1499 entstandene Hallenkirche ist das Werk von Nikolaus Eseler und seinem gleichnamigen Sohn. Die romanischen Untergeschosse des Turms (1220) blieben als Reste eines Vorgängerbaus unversehrt.

Nachdem wir das mit Ranken verzierte romanische Portal durchschritten haben, faszinieren uns die Helligkeit und die Regelmäßigkeit des berühmten Innenraums: Zwei Pfeilerreihen streben hoch empor und scheinen sich in einem Himmel kunstvoller Netzrippengewölbe zu verlieren. Als

In Dinkelsbühl begegnet man dem Franken, in dem man sich in eine Märchenwelt versetzt fühlt.

gotische Einzelkunstwerke sind das Sakramentshaus, die Kanzel und der Taufstein (jeweils 1480) bemerkenswert. Wer sich für (spät)gotische Altäre interessiert, wird ebenfalls fündig: Der neugotische Hochaltar umfasst eine Kreuzigungstafel (1490) und die Holzfiguren des Dreifaltigkeitsaltars sowie der Ziboriumaltar im Chorumgang stammen ebenfalls aus dieser Zeit.

Beim Verlassen der Kirche fällt unser Blick sofort auf zwei Gasthäuser – warum nicht? Nach dem Kunstgenuss für die Seele gebührt auch dem Körper eine Feier, zum Beispiel in Form eines schmackhaft zubereiteten Karpfens. Rechts steht das Deutsche Haus mit seinem wunderbar vielfältigen Fachwerk (Ende 16. Jahrhundert), an der Ecke links ist die ehemalige Ratstrinkstube aus der Zeit um 1600 zu bewundern. Nördlich des Deutschen Hauses findet man die Schranne, zu erkennen an dem zierlichen Renaissancegiebel aus dem 17. Jahrhundert. Hier wird alljährlich im Juli „Die

Blick auf ein typisches Häuserensemble in Dinkelsbühl

Kinderzeche" (s. S. 103) aufgeführt. Noch weiter nördlich gelangt man zum Heilig-Geist-Spital (gegründet 1280) mit dem Heimatmuseum. Vom Kirchenausgang Richtung Westen kommt man über die malerische Segringer Straße zum Neuen Rathaus (18. Jahrhundert). Vom Marktplatz gelangt man in südlicher Richtung durch die Turmgasse zum Deutschordenshaus, einem barocken Schlossbau aus der Mitte des 18. Jahrhunderts.

Am eindrucksvollsten ist ein Aufenthalt in Dinkelsbühl, wenn man planlos durch die Straßen schlendert, sich von schönen Aussichten in die Seitengassen ziehen lässt und das eine oder anderen Tor in der Mauer entdeckt, um dann die Stadt von außen zu umrunden oder einen Vorort zu besuchen. So entdeckt man beispielsweise in der gotischen Kirche zu Segringen den Flügelaltar aus der Zeit um 1500.

*Es ist nicht eindeutig ge-
klärt, welche Funktion
die „Zirkelkappel" bei
Schwaighausen erfüllte.
Handelt es sich um ein
sakrales Bauwerk, das
vielleicht Cyriakus
geweiht war, oder um
die Überreste einer
Burg?*

Bevor wir unseren Weg nach Norden, Richtung Feuchtwangen, fortset-
zen, wenden wir uns noch einmal der Strecke zwischen Königshofen und
Dinkelsbühl zu. Entlang einer Alternativroute des Karpfen-Radwegs kommen wir über Königshofen, Meierndorf und Burk nach Schwaighausen.
Wenn wir hinter Schwaighausen geradeaus, also westlich, weiterfahren,
dann treffen wir wenige Minuten später auf ein Bauwerk, das man eher in
Irland vermuten würde: die Ruine der „Zirkelkappel". Das rätselhafte Gebäude ist vermutlich um 1500 entstanden.

Westlich der „Zirkelkappel" führt der Karpfen-Radweg nach Feuchtwangen durch eine Landschaft mit vielen Karpfenweihern. Die direkte Straßen-
verbindung zwischen Dinkelsbühl und Feuchtwangen (B 25) passiert den
Ort **Schopfloch.** Hier fällt uns ein prächtiges Gasthaus mit Mansarddach

(spätes 18. Jahrhundert) auf. Vielleicht hört man dort ein paar Worte Lachoudisch, eine traditionelle Händler- und Hausierersprache, die sich in der Gegend – ähnlich wie das Schillingsfürster Jenisch weiter nördlich – sporadisch erhalten hat. Wenn auch eine „Hausierersprache", so ist sie doch auf das Herrscherhaus zurückzuführen, denn die Hohenloher aus Schillingsfürst lockten Siedler an, ohne auf deren Herkunft zu achten. Fahrendes Volk brachte im 14. Jahrhundert die Gaunersprache Rotwelsch mit, die sich unter anderem aus deutschen und jiddischen Begriffen zusammensetzt und von der guten Gesellschaft nicht verstanden werden sollte.

Kurz vor dem nördlich gelegenen **Feuchtwangen** kommen wir an Karpfenweihern vorbei, sodass uns nicht auffällt, wie sehr der mittelalterliche Stadtkern von Industriequartieren umrahmt ist. Bei diesem Stadtkern – innerhalb der spätmittelalterlichen Ummauerung – handelt es sich um einen großen zentralen Marktplatz mit einem reich verzierten Minerva-Brunnen aus dem Jahr 1727. Nördlich davon steht das frühere Rathaus, in dem die Tourist-Information untergebracht ist. Von dort aus besuchen wir die bedeutendste Sehenswürdigkeit Feuchtwangens und der weiten Umgebung: den Kreuzgang. An diesem Beispiel lässt sich ergründen, warum klösterlichen Anlagen auf den heutigen Besucher so anziehend wirken. Sie bieten einen Mittelpunkt in unserer orientierungslosen Zeit.

In Feuchtwangen haben wir eine romanische, nicht genau datierbare quadratische Anlage vor uns, begrenzt von kaum verzierten, einfachen Säulenreihen, an denen schon die Mönche des bereits Ende des 8. Jahrhunderts gegründeten Benediktinerklosters entlangwandelten. Im Westflügel kann man in rekonstruierten Handwerkerstuben zum Beispiel die Arbeit der Zuckerbäcker und der Schuhmacher nachvollziehen. Wir interessieren uns mehr für die Köche, deren Karpfen wir später zu genießen gedenken.

Die ursprünglich romanische Stiftskirche wurde 1197 in ein Augustiner-Chorherrenstift umgewandelt. Die Untergeschosse der Türme und das romanische Portal stammen noch aus dieser Zeit. In der ersten Hälfte des 14. Jahrhunderts wurde der Chor neu errichtet. 1563 hob der evangelische

Jedes Jahr im Sommer werden im Kreuzgang des Feuchtwangener Klosters Freilichtspiele aufgeführt.

Markgraf von Ansbach das Stift auf, 1698 wurde es renoviert. Im 19. und 20. Jahrhundert folgten weitere Renovierungen. Gemälde aus der Werkstatt Michael Wolgemuts, des Lehrers von Albrecht Dürer, zieren den Marienaltar (1484) im Innern, ein Meisterwerk der Spätgotik. Das Chorgestühl wurde vermutlich um 1500 geschnitzt, die Epitaphien datieren zum Teil ebenfalls aus spätgotischer Zeit.

Die neben der Stiftskirche erbaute Kirche St. Johannis würden wir auch aufsuchen, wenn sie abseits in einsamer Landschaft läge. In Feuchtwangen geht sie neben all den anderen Sehenswürdigkeiten fast unter. Sie wurde um 1400 über einem romanischen Kern errichtet und zeigt Reste von Wandmalereien aus dem 15. Jahrhundert. Im selben Jahrhundert entstanden Sakramentshäuschen, Kanzel, Chorstühle und Taufstein. Das kunstvoll gearbeitete Epitaphium eines 1499 verstorbenen Schwanenritters muss um 1500 geschaffen worden sein. Der lang gestreckte, hohe Fachwerkbau (1565) neben den beiden Kirchen dient heute als Stadthalle. Das Fränkische Museum ist in der Museumsstraße 19 untergebracht und zeigt außergewöhnlich viele Stücke der Volkskultur.

Wieder nach Norden

Wir verlassen Feuchtwangen in nördlicher Richtung und folgen den Windungen des Karpfen-Radwegs, um die vielen Weiher der Umgebung zu besichtigen. Wir fahren über Steinbach, Oberahorn, Leichsenhof (prächtige Weiher), Fetschendorf, Untermosbach, Wieseth, Deffersdorf und Reichenau an Weihern entlang nach Lammelbach und Leibelbach. Dort angekommen, öffnet sich das Altmühltal an einem Abschnitt, der sich mit Ornbau vergleichen lässt. Jenseits des Flusses stoßen wir auf eine von Mauern umringte Stadt: **Herrieden.** (Mit dem Auto fährt man von Feuchtwangen in nordöstlicher Richtung über die B 7.)

Die Altmühlbrücke von Herrieden stammt aus dem Jahr 1771, die Stadtbefestigung, zum Beispiel das Storchentor an der Brücke, entstand bereits im 14. Jahrhundert. Wenn wir durch das Storchentor gehen, empfängt uns eine weitere Variante der kleinen im Kern mittelalterlichen Städte. Nach wenigen Schritten erstreckt sich der Marktplatz, an dem sich rechts die bemerkenswerte katholische Stadtpfarrkirche St. Veit erhebt. Die ehemalige Stiftskirche eines im 8. Jahrhundert gegründeten Klosters wurde im 15. (Chor) und 16. Jahrhundert (Langhaus) neu erbaut, 1735 begann die Barockisierung durch Leopoldo Retty und andere. Den Hochaltar schuf 1695 Johann Caspar Sing. Die Reliquien des ersten Abtes, des heiligen Deocarus, werden in der über den Chor zugänglichen Blasiuskapelle in einem steinernen Schrein (1482) aufbewahrt, der die Form eines Kirchenmodells hat.

Nördlich von St. Vitus treffen wir auf die Alte Probstei (barock) und auf die katholische Nebenkirche Unserer Lieben Frau (Herrenhof 1) aus dem 15. Jahrhundert. Deren geschnitzte und bemalte Holzdecke stammt aus

Blick auf die malerische Altmühlbrücke und das Storchentor in Herrieden

dem Jahr 1705. Noch weiter nördlich, an die Stadtmauer grenzend, befindet sich das ehemalige Schloss des Fürstbischofs von Eichstätt, in dem heute eine Brauerei untergebracht ist. Das Schloss brannte 1490 und 1878 ab, woraufhin zuletzt nur das Hauptgebäude in veränderter Form wieder aufgebaut wurde. Die katholische Nebenkirche St. Martin, nach 1688 nach einem Brand neu errichtet, findet man auf dem Friedhof am Martinsberg außerhalb der Altstadt.

Nachdem wir die Mauern von Herrieden hinter uns gelassen haben, fahren wir die Altmühl aufwärts nach **Leutershausen** (nordwestlich), das wir durch das Obere oder Untere Tor, beide spätgotisch, betreten können. Neben den beiden Toren sind von der Stadtbefestigung nur Mauerreste erhalten. St. Peter, die Pfarrkirche von Leutershausen, wurde 1432/33 erbaut. Das ehemalige markgräfliche Schloss (1624) ist seit 1984 Heimatmuseum.

Leutershausen lädt zu einem Besuch ein.

Leutershausen besteht darauf, dass Gustav Weißkopf (1874–1927), ein Sohn der Stadt, die ersten Versuche mit einem Motorflugzeug unternommen hat. Weißkopf ging 1890 nach Amerika und schaffte dort 1901 wohl den ersten Motorflug überhaupt.

In Leutershausen verlassen wir die Altmühl und biegen nach Norden in Richtung **Colmberg** ab. Auf dem ähnlich geführten Karpfen-Radweg folgen wir einer längeren Weiherkette nach Mittel- und Oberramstadt. Von dort geht es über Auerbach (barocker Ziehbrunnen) nach Colmberg. Dort wurde dereinst über dem Altmühltal eine mächtige Burg errichtet. Am 17. Juli 1318 verkaufte Graf Friedrich von Truhendingen den Herrschaftssitz an seinen Onkel Friedrich IV., Burggraf von Nürnberg, aus dem Geschlecht der Hohenzollern. Friedrich IV. machte sich von Colmberg auf, um Kaiser Sigismund in Ungarn zu unterstützen. 1411 bzw. 1415 wurde er zum Dank dafür mit der Mark Brandenburg belehnt. Dort stiegen die Hohenzollern bekanntlich zu Kurfürsten, Königen und Kaisern auf. Den Kern der gut erhaltenen Burg bilden der romanische Palas und der mittelalterliche Bergfried.

Zwischen Colmberg und Lehrberg, unserem letzten Ziel, liegt auf halbem Weg nördlich der Straße das Dorf **Häslabronn.** Hier beeindruckt das Ensemble einer bäuerlichen Ansiedlung mit fränkischen Gebäuden aus dem 18. Jahrhundert, das sehr gut erhalten ist. Die Pfarrkirche in **Lehrberg,** eine ehemalige Wallfahrtskirche, wurde im 18. Jahrhundert neu erbaut, der Chorturm stammt jedoch bereits aus dem 14. Jahrhundert. Das markgräfliche Schloss datiert aus dem 15./16. Jahrhundert und wurde ab 1628 mehrmals umgebaut.

Der Karpfen-Radweg folgt zunächst der Rezat und dann der Bibert. Hier schließt sich der Kreis unserer Rundreise.

Die gut erhaltene Colmberger Burg datiert aus dem 14.–16. Jahrhundert und beherbergt heute ein Hotel.

Praktische Hinweise

Gasthäuser mit Karpfenangebot während der Saison (Auswahl)
- Fischhaus „Wiesethgrund", Rottnersdorf, 91572 Bechhofen, Tel. (0 98 22) 75 50.
- Hotel „Deutsches Haus", Weinmarkt 3, 91550 Dinkelsbühl, Tel. (0 98 51) 60 59.
- Historisches Hotel „Goldene Rose", Marktplatz 4, 91550 Dinkelsbühl, Tel. (0 98 51) 5 77 50.
- Gasthof „Goldener Anker", Untere Schmiedgasse 22, 91550 Dinkelsbühl, Tel. (0 98 51) 5 78 00.
- Hotel „Blauer Hecht", Schweinemarkt 1, 91550 Dinkelsbühl, Tel. (0 98 51) 58 10.
- Brauereigaststätte „Zum Wilden Mann", Wörnitzstraße 1, 91550 Dinkels-bühl, Tel. (0 98 51) 55 25 25.
- Landgasthof Pension „Am Forst", Wehlmäusel 7, 91555 Feuchtwangen, Tel. (0 98 56) 5 14.
- Gasthaus Sindel-Buckel, Spitalstraße 28, 91555 Feuchtwangen, Tel. (0 98 52) 25 94.
- Gasthof Ballheimer, Ringstraße 57, 91555 Feuchtwangen, Tel. (0 98 52) 91 82.
- Hotel-Restaurant „Klosterhof", Marktplatz 17, 91560 Heilsbronn, Tel. (0 98 72) 12 26.
- Brauerei Gaststätte „Ansbacher Hof" (Karpfen auf Vorbestellung), Marktplatz 16, 91567 Herrieden, Tel. (0 98 25) 2 57.
- Landgasthof Peter Birkel, Lammelbach 10, 91567 Herrieden, Tel. (0 98 25) 84 03.
- Hotel-Restaurant „Zur Sonne" (Karpfen am Wochenende, einmal im Monat), Vordere Gasse 5, 91567 Herrieden, Tel. (0 98 25) 9 24 60.
- Gasthof Kern, Obere Hindenburgstraße 5, 91611 Lehrberg, Tel. (0 98 20) 2 22.

- Gasthof „Zur Krone", Am Markt 31, 91578 Leutershausen, Tel. (0 98 23) 9 10 02.
- Gasthof und Metzgerei „Zum Hirschen", Altstadt 13, 91737 Ornbau, Tel. (0 98 26) 3 56.
- Gasthaus „Weißes Roß", 91626 Schopfloch, Tel. (0 98 57) 8 38.
- Landgasthaus Sammeth-Bräu, Marktplatz 1, 91746 Weidenbach, Tel. (0 98 26) 6 24 00.
- Gasthof „Sonne", Hauptstraße 19, 91575 Windsbach, Tel. (0 98 71) 92 72.
- Historischer Gasthof „Alte Vogtei", Hauptstraße 21, 91639 Wolframs-Eschenbach, Tel. (0 98 75) 9 70 00.

Informationen
- Gemeindeverwaltung Bechhofen, Martin-Luther-Platz 1, 91572 Bech-hofen an der Heide, Tel. (0 98 22) 60 60.
- Tourist-Information Romantisches Franken, Am Kirchberg 4, 91598 Colmberg, Tel. (0 98 03) 9 41 41.
- Information, Rathausplatz 1, 90599 Dietenhofen, Tel. (0 98 24) 9 20 60.
- Touristik Service, Marktplatz, 91550 Dinkelsbühl, Tel. (0 98 51) 9 02 40.
- Tourist Information, Marktplatz 1, 91555 Feuchtwangen, Tel. (0 98 52) 9 04 55.
- Stadt Heilsbronn, Kammereckerplatz 1, 91560 Heilsbronn, Tel. (0 98 72) 80 60.
- Stadtverwaltung Herrieden, Herrnhof 10, 91567 Herrieden, Tel. (0 98 25) 80 80.
- Fremdenverkehrsverband Hesselberg, Marktstraße 9, 91717 Wasser-trüdingen, Tel. (0 98 54) 97 61 63.
- Marktgemeinde Lehrberg, Sonnenstraße 14, 91611 Lehrberg, Tel. (0 98 20) 9 11 90.
- Stadtverwaltung Leutershausen, Am Markt 1–3, 91578 Leutershausen, Tel. (0 98 23) 95 10.

- Information Markt Lichtenau, Ansbacher Straße 11, 91586 Lichtenau, Tel. (0 98 27) 9 21 10.
- Gemeindeverwaltung, Johann-Flierl-Straße 19, 91564 Neuendettelsau, Tel. (0 98 74) 50 20.
- Verkehrsamt, Wolfram-von-Eschenbach-Platz 1, 91639 Wolframs-Eschenbach, Tel. (0 98 75) 97 55 34.

Öffnungszeiten
- Bechhofen: Deutsches Pinsel- und Bürstenmuseum, Dinkelsbühler Straße 23, Tel. (0 98 22) 1 08 29: März–Nov., Sonn- und Feiertage 13.30–16 Uhr.
- Dietenhofen: Heimatmuseum, ehemaliges Schloss, Schloßstraße 5, Tel. (0 98 24) 4 22: Mai–Okt., jeweils am ersten Sonntag im Monat 10–12 und 14–16 Uhr.
- Dinkelsbühl: Historisches Museum, Martin-Luther-Straße, Tel. (0 98 51) 32 93: Di.–So. 10–16 Uhr.
- Feuchtwangen: Fränkisches Museum, Museumsstraße 19, Tel. (0 98 52) 25 75: März, Nov. und Dez., Di.–So. 10–12 und 14–17 Uhr; Apr.–Okt. bis 18 Uhr.
- Heilsbronn: Münster und Klosteranlage, Tel. (0 98 72) 9 8 06 19: Sommersaison täglich 8–12 Uhr und 13.30–18 Uhr; im Winter nach Rücksprache, Anmeldung evangelisch-lutherisches Pfarramt, Tel. (0 98 72) 12 97.
- Leutershausen: Gustav-Weißkopf-Museum, Plan 6, Tel. (0 98 23) 4 12: Ostern–Okt., So.–Fr. 10–12 Uhr, So. und Mi. auch 14–16 Uhr.
- Neuendettelsau: Missionsmuseum, Hauptstraße 2, Tel. (0 98 74) 9 15 30: Di.–Sa. 9–12 Uhr und 14–17 Uhr.
- Wolframs-Eschenbach: Literaturmuseum Wolfram von Eschenbach, Wolfram-von-Eschenbach-Platz 9, Tel. (0 98 75) 97 50: Apr.–Okt., Di.–Sa. 14–17 Uhr, So. auch 10.30–12 Uhr; Nov.–März, Sa. und So. 13–16 Uhr.

Wandern
- Bildstock- und Kapellen-Wanderweg: Route A: Altmühlbrücke als Beginn und Ende (23 km); Route B: Deocarbrunnen als Beginn und Ende (29 km).

Literatur

- Batisweiler, M.: Die Evangelisch-Lutherischen Kirchen Feuchtwangens, München und Zürich 1988 (Schnell-Kunstführer Nr. 1682).
- Braun, E.: Katholische Stadtpfarrkirche (ehemalige Stiftskirche) St. Vitus und St. Deocar Herrieden, Regensburg, 2. Auflage 1996 (Schnell-Kunstführer Nr. 1494).
- Dettelbacher, W.: Zwischen Neckar und Donau. Kunst, Kultur und Landschaft von Heidelberg bis Heilbronn, im Hohenloher Land, Ries, Altmühltal und an der oberen Donau, Köln 1976.
- Ebert, H.: Die Karpfenradwege Dinkelsbühl und Umgebung. (Hg.: Teichgenossenschaft Landkreis Ansbach, Weihergemeinschaft und Fischereiverein Dinkelsbühl e. V.)
- Fehring, G. P.: Stadt und Landkreis Ansbach, München 1958 (Bayerische Kunstdenkmale Bd. II).
- Gebessler, A.: Dinkelsbühl. Aufnahmen von Lala Aufsberg, München Berlin 1962 (Deutsche Lande Deutsche Kunst).
- Kühn, D.: Der Parzival des Wolfram von Eschenbach, Frankfurt am Main 1986.
- Ramisch, H. K.: Landkreis Feuchtwangen, München 1964 (Bayerische Kunstdenkmale Bd. XXI).
- Römisch-Germanische Kommission des Deutschen Archäologischen Instituts, Verband der Landesarchäologen in der Bundesrepublik Deutschland (Hg.): Der römische Limes in Deutschland, Stuttgart 1992.
- Stolz, G., und Jeiter, M.: Franken: Die Region 7. Städte Nürnberg, Fürth, Erlangen, Schwabach. Landkreise Nürnberger Land, Erlangen-Höchstadt, Fürth, Roth, München 1989.

Allgemeine Hinweise

Informationen
– Tourismusverband Franken e. V., Wilhelminenstraße 6, 90461 Nürnberg,
  Tel. (09 11) 94 15 10.
– Tourist-Information Das Neue Fränkische Seenland, Hafnermarkt 13,
  91710 Gunzenhausen, Tel. (0 98 31) 50 01 20.
– Tourist-Information Fränkisches Weinland, Am Congress-Centrum,
  97070 Würzburg, Tel. (09 31) 37 23 35.
– Tourist-Information Naturpark Steigerwald, Hauptstraße 3,
  91443 Scheinfeld, Tel. (0 91 62) 1 24 24.
– Tourist-Information Romantisches Franken – Vom Rangau zur
  Romantischen Straße, Gemeinschaftszentrum Frankenhöhe, Am Kirch-
  berg 4, 91598 Colmberg, Tel. (0 98 03) 9 41 41.
– Verkehrsverbund Großraum Nürnberg (VGN), Rothenburger Straße 9,
  90443 Nürnberg, Tel. (09 11) 27 07 50.

Radwandern (Karten bei den Tourist-Informationen)
– Fränkischer Karpfen-Radweg (Hauptroute): von Dinkelsbühl nach
  Erlangen, knapp 210 km. Der Fränkische Karpfen-Radweg bietet zudem
  mehrere Nebenstrecken und Rundwege an, sodass verschiedene Varian-
  ten gewählt werden können.
– Aischtal-Radweg: von Rothenburg ob der Tauber nach Bamberg, knapp
  140 km.
– Altmühlweg: von Rothenburg ob der Tauber zum Altmühlsee bei Gun-
  zenhausen, ca. 65 bzw. 75 km (zwei Varianten).
– Fernradweg Haslachtal/Reiche Ebrach: von Scheinfeld nach Bamberg,
  knapp 70 km.
– Zenntalradweg: von Fürth nach Rothenburg ob der Tauber, ca. 80 km.

Wanderkarten
- Bayerisches Landesvermessungsamt, Umgebungskarte (Wander-
wege/Radwanderwege) UK 50-16/17: Naturpark Frankenhöhe (Rothen-
burg ob der Tauber/Ansbach/Nürnberg-West).
- Fritsch Wanderkarte Nr. 66: Bamberg/Forchheim.
- Fritsch Wanderkarte Nr. 67: Naturpark Steigerwald.
- Fritsch Wanderkarte Nr. 71: Frankens gemütliche Ecke (Neustadt an der
Aisch/Bad Windsheim).
- KOMPASS Wander- und Radtourenkarte Nr. 169: Nördlicher Rangau.
- KOMPASS Wander- und Radtourenkarte Nr. 174: Fränkisches Seenland.

Literatur
- Dehio, G.: Handbuch der Deutschen Kunstdenkmäler. Bayern I: Franken.
Die Regierungsbezirke Oberfranken, Mittelfranken und Unterfranken.
Bearbeitet von Tilmann Breuer u. a. 2., durchgesehene und ergänzte
Auflage, München und Berlin 1999.
- Hubert, R.: Die Aischgründer Karpfenteichwirtschaft im Wandel. Eine
wirtschafts- und sozialgeographische Untersuchung. Mit 19 Abbildun-
gen, davon 4 Farbbeilagen, 19 Tabellen und 11 Bilder, Passau 1991
(Passauer Schriften zur Geographie, Heft 9).
- Koppert, W.: Fränkische Karpfenradwege. Mit 75 Abbildungen. Reihe
Gelbe Taschenbuch-Führer. Treuchtlingen 2002.
- Mück, W.: Karpfenschwanz. Histörchen um den Aischgründer Karpfen.
Monotypien von P. Reutter, Neustadt an der Aisch 1990.

Register

Abenberger, Familie 111
Albrecht Achilles, Markgraf 33, 34, 111
Alexander, Graf 114
Anna, Kurfürstin 33

Bering, Vitus Jonassen 27
Berlichingen, Götz von 38
Bievre, Georg Franziskus Maréchal de 119
Böckler, Hans 103
Bonalino, Giovanni 70, 77
Bonalino, Jakob 70
Boveri, Margret 70
Boveri, Theodor 70
Boveri, Walter 70
Brearley, Joseph 74
Brenck d. Ä., Georg 100
Brown, Charles 70

Callot, Jacques 74
Carl Alexander von Brandenburg-Ansbach und Bayreuth 17, 18, 20, 22

Dehio, Georg 44, 62
Dientzenhofer, Johann 46, 56, 72
Dientzenhofer, Johann Leonhard 65

Eseler, Nikolaus 124
Eyb, Ludwig von 118
Eyb, Albrecht von 118, 119

Fontane, Theodor 23
Friedrich II. 34
Friedrich III. 32

Friedrich IV. 93, 132
Friedrich von Truhendingen 132

Georg der Fromme 100, 110
Georg Ennoch Freiherr von und zu Guttenberg 89
Georg Friedrich von Brandenburg-Ansbach und Kulmbach 102
Georg Wilhelm von Brandenburg-Bayreuth 20
Goethe, Johann Wolfgang von 23, 38, 62
Gollwitzer, Leonhard 72, 77
Gozwin, Graf 97
Grauppensberger, Veit 70
Gundekar II. 102
Günther, Franz Xaver 70

Haberkamm, Helmut 39
Heinrich, Herzog von Bayern 63
Heinrich II. 63, 67, 85, 98
Helena von Sachsen 32
Herder, Johann Gottfried von 23
Heßberg, Familie von 94
Hirschaid, Christoph von 38
Hoffmann, E. T. A. 69, 73, 74
Hohenlohe, Franziska Barbara von 98, 99
Hohenlohe und Gleichen, Wolfgang Julius von 99
Hohenzollern 18, 33, 95, 99, 110, 111, 132
Hölderlin, Friedrich 62

Kalb, Charlotte von 62
Kamm, Bernhard 69

Karl der Große 76
Karl IV. 19
Kilian, Heiliger 52, 53, 59, 83, 95, 99
Konrad III. von Schlüsselberg 54, 55
Küchel, Johann Michael 69
Kunigunde, Kaiserin 63, 67

Lauter, Hans Georg von 43, 88
Löhe, Wilhelm 111, 112
Löhner, Kaspar 32
Lothar III. 19
Ludwig der Fromme 42
Ludwig, Freiherr von Leonrod 109

Macpherson, James 22, 23
Martius, Carl Friedrich Philipp 46, 47
Mauritius, Heiliger 92
Mendelssohn Bartholdy, Felix 23

Napoleon 22, 23
Neumann, Balthasar 56

Ossian 23
Otto II. 63

Paul, Jean 62
Peter der Große 26
Pückler-Limpurg, Christian Karl von 93

Rauscher, Bonaventura 63
Reuß, Georg 66
Riedel, Johann Gottlieb 96
Riemenschneider, Tilman 57, 62, 67, 109
Rieter, Sebald 91

Schäufelein, Hans 123
Scherenberg, Rudolf von 57
Schiller, Friedrich von 62
Schlüsselberg, Eberhard II. von 75

Schlüsselberg, Gottfried von 75
Schönborn, Lothar Franz von 56, 72, 73
Schrottenberg, Wolf Philipp von 56
Schutzper, Hermann 99
Seckendorff, Familie von 22, 23, 31, 62,
    88, 89, 95, 102
Seckendorff-Aberdar, Familie von 23
Seckendorff-Gutend, Ernst Ludwig
    Freiherr von 102
Seckendorff-Gutend, Freiherren von 23
Sing, Johann Caspar 130
Soden, Julius von 90
Sperreuth, Klaus Dietrich von 102
Spitzweg, Carl 110
Spix, Johann Baptist 46
Stahleck, Hermann von 97
Stein, Edith 89
Steingruber, Johann David 102
Steller, Georg Wilhelm 26, 27, 46
Stoß, Veit 98, 109

Thurn und Taxis, fürstliches Geschlecht
    97
Treu, Marquard 70
Tucher, Hans 91
Turner, William 23

Victoria, Königin 23

Weiß, Sibylle 43, 44
Weißkopf, Gustav 132
Wirsberger, Veit 36
Wolfram von Eschenbach 109, 111, 115

Abenberg 111
Aisch, Fluss 15, 16, 21, 24, 30, 35, 46, 47,
52, 65, 70, 74, 77
Aischgrund 8, 9, 14, 16, 35, 40, 52, 88, 93
Aischgründer Bierstraße 25
Aischquelle 15, 16
Aischtal 10, 15, 16, 18, 24, 25, 38, 69
Aischtal-Radweg 25, 40, 69, 70, 77
Albachtal 58
Altmühl, Fluss 20, 115, 119, 131, 132
Altmühl-Radweg 119
Altmühltal 118, 130, 132
Ampferbach 60, 61
Ansbach 17
Aub 28, 56, 110
Aurach, Fluss 61, 62, 69, 70

Bad Windsheim 15, 16, 24, 25, 26, 28, 30,
33, 110
– Bibliothek 25
– Fränkisches Freilandmuseum 26
Bamberg 9, 15, 16, 28, 38, 44, 48, 52, 54,
56, 57, 60, 61, 62, 63, 64, 65, 67, 68, 69,
70, 72, 85, 88, 89, 92, 98, 119,
– Dom 64, 66, 67
– St. Getreu 67
– St. Michael 9, 28, 48, 65, 67, 81, 82, 92
Bechhofen 120, 121
Biengarten 81, 82
Birkenfeld 32, 33, 39
– Zisterzienserinnenkloster 32, 33
Birnbaum 93
Brunn 93, 94, 95
Buch 81, 82, 84, 89, 91
Burgbernheim 18, 19, 21, 25, 33
– Riderschlösschen 18
– Wildbad 18, 19, 20
– Seilersturm 18
Burgebrach 59, 60

Colmberg 132, 133

Dachsbach 38, 39
Dambach, Kastell 121, 123
Dankenfeld 61, 62
Dechsendorf 15, 84, 85, 86, 87
Dettendorf 35
Diespeck 35, 36
Dietenhofen an der Bibert 109
Dinkelsbühl 10, 14, 15, 86, 123, 125, 126,
127
– St. Georg 124
Dottenheim 31
– St. Cyriakus 32

Ebrach, Fluss 74
Ehebach, Fluss 35, 36
Emskirchen 14, 95, 97, 99
Erlangen 14, 86, 87

Feuchtwangen 14, 15, 127, 128, 129,
130
Fingalshöhle 18, 21, 22, 23
Forchheim 16, 85, 86
Forst 38
Frankenhöhe 16, 18
Fränkische Rezat, Fluss 21, 112, 114,
133
Fränkische Wehrkirchenstraße 25
Fränkischer Karpfen-Radweg 14, 16, 25,
30, 40, 42, 44, 52, 84, 86, 91, 93, 95, 111,
114, 117, 123, 127, 130, 132
Frensdorf 70, 72
– Fischerhof (Museum) 70, 71
Fürth 87, 10, 1111

Gerhardshofen 38
Gottesgab 11, 35, 40, 42
Grasmannsdorf 59, 60

Gremsdorf 47, 48, 81
Gutenstetten 36, 37

Hallerndorf 77
– Kreuzberg 77
Hannberg 84
Häslabronn 133
Heilsbronn 14, 15, 33, 34, 101, 102, 109,
  110, 111, 112, 117
Hemhofen 85
Herrieden 130, 131
Herrnsdorf 72, 75
Hesselberg 81, 82, 84, 123
Höchstadt an der Aisch 11, 13, 14, 15, 16,
  35, 40, 41, 44, 46, 47, 52, 55, 74, 76, 81,
  84, 88, 97
– Fridolin (Karpfendenkmal) 13, 44
Höfen 70
Hoheneck, Burg 30, 31
Hornau 19, 20

Ickelheim 24
Illesheim 38
Ipsheim 30, 31

Jagsthausen 38
Jungenhofen 76, 77

Kairlindach 81, 83, 84, 86, 88
Kästel 91, 92, 93
– Mauritiuskirche 91, 92
Kelten-Erlebnisweg 28
Kirchenburg 18
Kleinseebach 85, 87
Königshof Windsheim 25
Königshofen 121, 127
Kosbach 86, 87, 91
– Gräberfeld 86
– Kosbacher Altar 86, 87

Krausenbechhofen 81, 82
Krautostheim 28
Kreben 104, 109
Kunigundenweg 28, 56, 59
Küstersgreuth 58

Langenzenn 98, 101
Lauberberg 41, 42, 55
– Antoniuskapelle 42, 43, 88
Lehrberg 133
Lenkersheim 30
Leutershausen 15, 131, 132
Lichtenau 114
Limbach 74
Lisberg 61
– Burg 61
Lonnerstadt 40, 41

Markt Erlbach 97, 98, 99, 100, 101
Marktbergel 21
Merkendorf 115, 116, 117
Mittelfränkische Bocksbeutelstraße 25
Mittlere Ebrach, Fluss 59
Möhrendorf 85, 86, 87
Mohrhof 15, 81, 82, 83, 84
Mühlendorf 62
Mühlhausen 52, 53, 58
Münchaurach 89, 97
– Benediktinerkloster 89, 97
Münchsteinach 35, 37, 38, 39
– Benediktinerkloster 37, 38

Neuenbürg 84
Neuendettelsau 111, 112
Neuhaus 81, 84
Neuhof an der Zenn 99, 101, 104, 109
Neustadt 16, 30, 32, 33, 34, 35, 36
Nürnberg 13, 30, 35, 36, 41, 86, 95, 96, 97,
  114, 132

Oberndorf 86, 87
Obernzenn 21, 22, 23, 24, 102
– Blaues Schloss 23
– Rotes Schloss 23
Oberreichenbach 89, 91
Ornbau 119, 130
Osing 28

Petersberg 21
Pettstadt 69, 70
Pfaffenhofen 16, 17, 20
Pommersfelden 56, 72, 73, 74
– Schloss Weißenstein 72, 73
Poppenwind 81, 82, 84

Rathaus, Burgbernheim 18
Rauhe Ebrach, Fluss 59, 60, 69, 70
Regnitz, Fluss 15, 16, 60, 67, 69, 76, 77, 85
Reiche Ebrach, Fluss 52, 53, 72, 74, 75,
   76, 77
Reichmannsdorf 56, 57, 58
Reundorf 70
Rezat siehe Fränkische Rezat
Rezelsdorf 91, 93
– Katharinenkirche 91
Riedfeld, Königshof 33
Röttenbach 84, 87, 91

Sambach 72
Schirnsdorf 53
Schlüsselau 55, 75
Schlüsselfeld 54, 55, 56, 57
Schopfloch 127
Schwaighausen 127
– Zirkelkappel 127
Seußling 70, 76, 77
Sommersdorf 118, 119
Sontheim 21, 24
St. Petersburg 26, 27

Stegaurach 63, 65, 70
Steigerwald 15, 16, 28, 52, 56, 57, 60
Steinach 36, 37
Steinachtal 36
Steppach 74
Sterpersdorf 44
Stiebarlimbach 77

Tanzenhaid 90, 91, 93, 94
Thüngfeld 54, 55
Trautskirchen 81, 91, 99, 102, 103
Triesdorf 117, 118, 120

Uehlfeld 14, 39, 40, 42, 91

Wachenroth 54
Walsdorf 62
Weiltingen 123
Weingartsgreuth 53, 54
Wein-Wanderweg 30
Weisendorf 43, 88, 89, 91
– Schloss 89
Westheim 21
Wiesethbruck 120
Wildensorg 65
Wilhelmsdorf 95, 99
Wilhermsdorf 98, 99, 101, 104
Willersdorf 77, 81
Windsbach 112, 113, 114
Wolframs-Eschenbach 15, 109, 110, 114,
   115, 117
Wörnitz, Fluss 109, 123, 124
Würzburg 16, 17, 18, 25, 30, 33, 44, 55,
   57, 83, 93, 96, 99

Zenn, Fluss 15, 21, 81, 101, 102, 109
Zenngrund 24
Zennhausen 101, 102
Zenntalradweg 25, 101